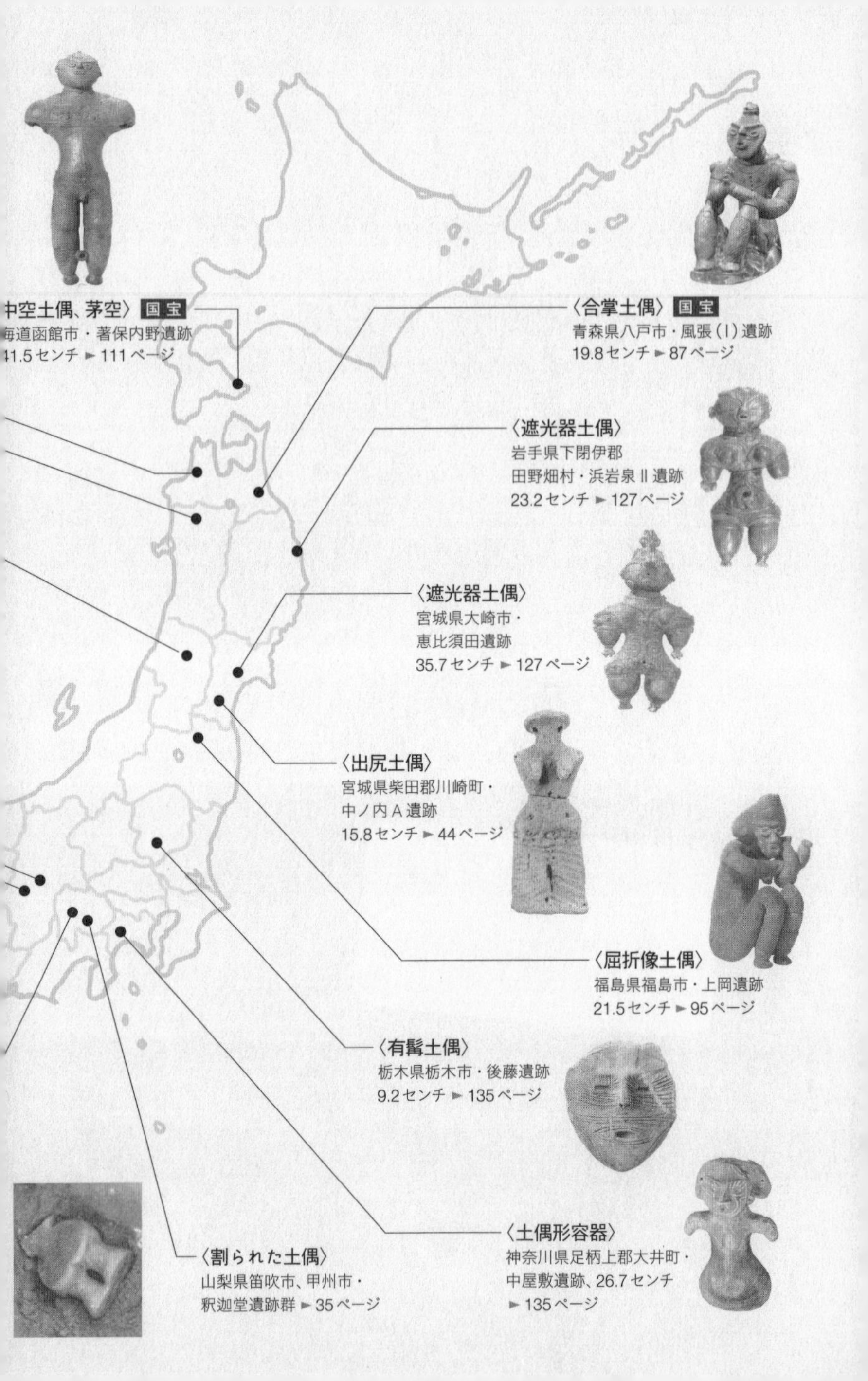

中空土偶、茅空〉 国宝
海道函館市・著保内野遺跡
41.5センチ ► 111ページ
〈合掌土偶〉 国宝
青森県八戸市・風張（Ⅰ）遺跡
19.8センチ ► 87ページ
〈遮光器土偶〉
岩手県下閉伊郡
田野畑村・浜岩泉Ⅱ遺跡
23.2センチ ► 127ページ
〈遮光器土偶〉
宮城県大崎市・
恵比須田遺跡
35.7センチ ► 127ページ
〈出尻土偶〉
宮城県柴田郡川崎町・
中ノ内Ａ遺跡
15.8センチ ► 44ページ
〈屈折像土偶〉
福島県福島市・上岡遺跡
21.5センチ ► 95ページ
〈有髯土偶〉
栃木県栃木市・後藤遺跡
9.2センチ ► 135ページ
〈土偶形容器〉
神奈川県足柄上郡大井町・
中屋敷遺跡、26.7センチ
► 135ページ
〈割られた土偶〉
山梨県笛吹市、甲州市・
釈迦堂遺跡群 ► 35ページ

本書に登場する主な土偶

遺跡の所在地は現在の地名で表わした。本書では、土偶の変遷がわかる26体の土偶、2つの人体文土器、3つの動物形土製品などを紹介したが、ここでは省略した。

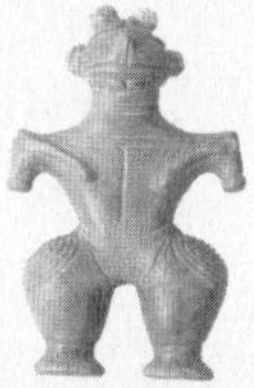

〈遮光器土偶〉
青森県つがる市・亀ヶ岡遺跡
18.0センチ ► 176ページ

〈土偶〉
► 161ページ

〈首なし土偶〉
秋田県北秋田市・藤株遺跡
11.5センチ ► 118ページ

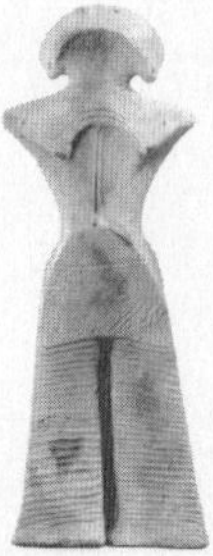

〈縄文の女神〉国宝
山形県最上郡舟形町・西ノ前遺跡、45.0センチ
► 42ページ

〈仮面の女神〉国宝
長野県茅野市・中ッ原遺跡
34.0センチ ► 66ページ

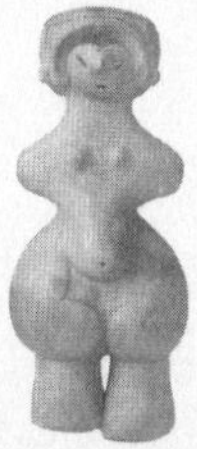

〈縄文のビーナス〉国宝
長野県茅野市・棚畑遺跡
27.0センチ ► 24ページ

〈仮面土偶〉
長野県上伊那郡辰野町・新町泉水地籍、20.0センチ
► 71ページ

〈相谷熊原土偶〉
滋賀県東近江市・相谷熊原遺跡、3.1センチ
► 17ページ

〈仮面土偶〉
山梨県韮崎市・後田遺跡
21.5センチ
► 71ページ

〈板状土偶〉
三重県松阪市・粥見井尻遺跡
6.8センチ ► 17ページ

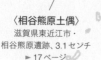

土偶のリアル

発見・発掘から蒐集・国宝誕生まで

譽田亜紀子 著
武藤康弘 監修
スソアキコ 絵

山川出版社

はじめに

縄文時代の話をすると、ロマンがあるねと言う人がいる。コミュニケーションをとるための言葉はあったとされるが、文字として資料が残されていないため、縄文時代は分からないことが多い。その分、関心を持った誰もにその世界を想像する余地があり、そこがロマンであり魅力だと言える。土の中から見つかる石器や土器、土偶などの遺物や、住居跡など暮らしの痕跡である遺構だけが真実なのである。出土する遺物の使い方や暮らしの実際は想像するしかない。その縄文人が生きた証である遺物の中でも、彼らの精神性を如実に表わすとされる土偶について、本書では語ることにした。

およそ一万五〇〇〇年前から二四〇〇年前まで続いたとされる縄文時代に作られた、人形《ひとがた》の土の焼物を土偶という。愛らしいものから奇想天外なものまで、また素朴なものから前衛芸術を思わせるものまで、土偶の造形はさまざまである。しかし土偶の多くに共通して言えることもある。それは、顔が少し上向きになっていることだ。まるで空に向かって願いをかけているかのようでもある。手にとって眺めてみると、その上向きに作られた顔がそうさせるのか、視線が交錯して、土偶に語りかけられているような不思議な感覚になるときがある。

土偶が一万年以上ずっと同じ調子で作られていたかといえばそうではない。詳しくは「土器と土偶の密なる関係」に記したが、縄文時代草創期、早期、そして前期の中頃まではそれほど多く作られてはいない。その後、爆発的に増加する時期を経て、中期後半から後期初頭にかけて、作られる土偶の数がぐっと減ったと考えられている。とはいえ、現在のところ、本書でも取り上げた日本最古級の土偶の一つである滋賀県の相谷熊原《あいだにくまはら》土偶（「「なんか出てきたで」からすべては始まった」）を皮切りに、晩期まで作られ続けた土偶は発見されたものだけでも、全国でおよそ二万点を数える。日本列島の多くの地域から見つかっている事実を考えると、縄文人にとって、なくてはならない存在であったことは間違いがない。同時に、縄文時代の遺物の中でも石皿や土器などの生活道具に比べ、土偶には謎が多い。

そんな土偶たちのことが知りたいと、出土した当時の新聞記事や各地の遺跡発掘調査報告書を調べた。偶然発見された中空土偶（「ジャガイモ畑からこんにちは」）の修復される前の姿は衝撃的だった。学術調査などほとんどされることがなかった昭和二十七年に、桃畑から見つかった上岡土偶（「村人に愛されたストレッチ土偶」）の発掘当時の様子には心が温かくなった。多くの貴重な資料を提供くださった学芸員のみなさんには感謝の意を表したい。

縄文時代の物語は推測の域を出ないが、資料を調べていくうちに、土偶には少なくとも二つの物語があることが分かってきた。まず、作られた当時の縄文人たちとの関係、そして現代に暮らす、発掘した人々との関係、この二つの物語である。その物語を、土偶が作られた時代順に並べ、緩やかな流れの中で時代とともに移り変わる姿を、ここでは一つの世界として提示した。その際には先行研究も参考にさせていただいた。あわせてお礼を申し上げる。

発掘された土偶をどう見るかにはさまざまな意見があるが、取り上げた土偶たちの物語を通して、主人公である土偶はもとより、それを作り出した人々の姿、発見・発掘した人々の姿を少しでも感じていただければ、これほどうれしいことはない。

＊縄文時代の始まり、年代区分については、小林謙一、工藤雄一郎、国立歴史民俗博物館編『増補版縄文はいつから⁉』（二〇一二年、新泉社）に従った。また本書に登場する人物の肩書きは原則として現在のものを記したが、当時の肩書きを示した場合もある。引用については、適宜振り仮名を補った。

もくじ

カバー写真　表　国宝〈土偶　縄文のビーナス〉茅野市蔵、
茅野市尖石縄文考古館写真提供
背　〈土偶〉井戸尻考古館蔵・写真提供
裏　〈出尻土偶〉東北歴史博物館蔵・写真提供
前袖　〈土偶〉福島市教育委員会蔵・写真提供
後袖　〈土製獣〉辰馬考古資料館蔵・写真提供
〈土偶〉辰馬考古資料館蔵・写真提供
表紙写真　〈土偶残欠〉山形県蔵、山形県立博物館写真提供
目次写真　〈板状土偶〉青森県埋蔵文化財調査センター蔵・写真提供

装丁・本文組　細野綾子

土偶のリアル

1　「なんか出てきたで」から
すべては始まった

――相谷熊原《あいだにくまはら》土偶

これぞ究極の土偶ではないだろうか。

そう思える土偶が、二〇一〇年（平成二十二年）滋賀県東近江市相谷熊原遺跡から出土した。縄文時代の遺跡は東日本に多いと言われるが、それに反して近畿から見つかったのだ。それも縄文時代草創期の大型竪穴住居跡の中から。

一万年以上続く縄文時代は、土器文様の変遷から、草創期、早期、前期、中期、後期、晩期の六つに分けられる。そのうち草創期は約一万五〇〇〇年前から一万一〇〇〇年前までと考えられているが、その頃の日本列島は最終氷期が終わり少しずつ暖かくなりだしていた。暖かくなると、森は木の実や山菜などの恵みを人々にもたらし、シカやイノシシなど、動物

長浜
琵琶湖
愛知川
鈴鹿山脈
大津
東近江
相谷熊原遺跡
奈良
伊勢湾
松阪
伊勢
粥見井尻遺跡

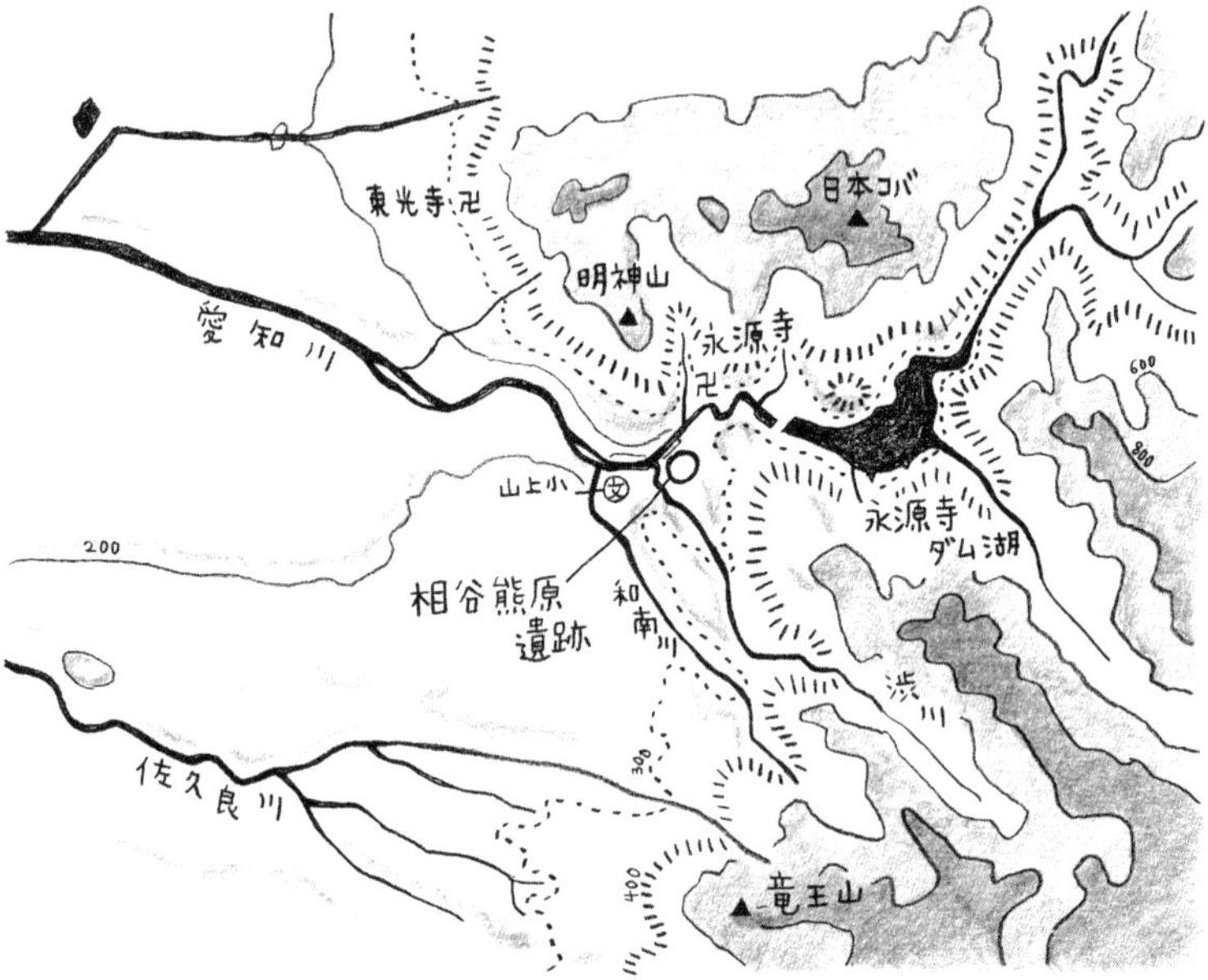
東光寺
日本コバ
明神山
愛知川
永源寺
600
800
山上小
永源寺ダム湖
200
相谷熊原遺跡
和南川
渋川
300
佐久良川
400
竜王山

にも同じように生存の基盤を与えた。狩猟や漁撈《ぎょろう》、木の実の採集を糧《かて》に人々が暮らし始めた時代が縄文草創期である。食料を求めて移動を繰り返していた旧石器時代から生活が大きく転換し、定住が始まった時代と言ってよい。

草創期の竪穴住居跡はその数が圧倒的に少なく、全国を見渡しても現時点で五〇から一〇〇例ほどである。そもそも数が少ない上、もともと縄文時代の遺跡が少ない近畿から見つかっている状況を考えると、この大型竪穴住居跡は縄文時代を解明する上でとても重要だと言える。

相谷熊原遺跡は背後に鈴鹿《すずか》山脈へと続く丘陵が広がり、滋賀県東部の平野を流れる愛知《えち》川と、その支流である渋川の合流した場所にある。山の幸、川の幸が手に入れやすく、当時は暮らしやすい場所だったのだろう。その場所から出現した竪穴住居は五基。ゆるやかな斜面約一〇〇メートルの間に連なって見つかった。

通常、発掘の現場で掘り出される膨大な土は脇に山積みにされ、かえりみられないことが多い。しかしこの遺跡はすでに縄文時代の貴重な遺物が数多く見つかっていたこともあり、土の中にも何か遺物が残されている可能性を考慮して、掘り出したすべての土を土嚢《どのう》に入れていた。その数は二〇〇袋以上にもなった。

日本最古級の土偶

二〇一〇年二月十八日の午後、土嚢の土を一袋ずつ篩《ふるい》にかけていた時だった。

「なんか出てきたで」

と作業員の男性が滋賀県文化財保護協会の重田勉さんのもとに駆けてきた。手には小石のような灰色の塊がコロリと転がる篩があった。小石に見えた塊は、実は豊かな乳房を持ち、腰の括《くび》れも美しい親指ほどの自立する土偶だったのである（17ページ）。遺物を確認するため慎重に篩の網からつまみ上げた重田さんは「思わず手が震えた」と後の取材で語っている。[2] 一目見て女性の姿を如実に表わしていると思える土偶である。「見たこともない姿に息をのんだ」とも語る重田さんの驚きはいかばかりであっただろうか。

土偶の高さは三・一センチ、最大幅は二・七センチ、重さは一四・六グラム。頭はもともと作られておらず、首の部分に直径三ミリ、深さ二センチほどの穴があいている。割れた断面もなく、作られた当時のままの姿で発見された。

その土偶が見つかったのは、斜面の一番高い場所に作られた直径八メートル、深さ約一メートルの大型竪穴住居跡からだった。面積にして約五〇平方メートルにもなる床面から掘り

〈土器〉相谷熊原遺跡出土、縄文草創期、滋賀県教育委員会蔵・写真提供

出された土に、土偶は眠っていたのだ。この住居は現代でも完成までに一〇日はかかると思われる規模とされ、道具の調達もままならない縄文時代であれば、現代よりも、もっと多くの時間と労力がかかったはずである。この土地に根を張り、仲間とともに暮らしていこうという、縄文人たちのとても強い気持ちが住居を作り上げたのではないかと思えてくる。到底、生半可な気持ちで作れる規模ではないのだ。

草創期にこの規模の住居が多く作られたかといえば、そうではない。直径の平均は三―五メートル、深さは三〇―四〇センチが一般的な住居の大きさだという。そこにきてこの大きさである。通常の一・五倍はある。大型住居は前期の中頃から作られ始め、それ以降の遺跡に見られることから、この遺構はおおまかに見て中期以降、場合によっては後期ぐらいのものではないかと、作業をしていた皆が思っていた。その土の中から見つかり、中期以降の土偶が持つ、自立するという特徴を合わせるならば、「はじめはそれほど古い土偶とは思わなかった」と重田さんが話したことにも合点がいく。

ところが、この住居から草創期の特徴を持つ爪形文土器や矢柄研磨器（砥石）が見つかった（15ページ）。その発見は現場を動揺させたことだろう。たしかに中期以降の特徴を持つ遺跡であるのに、出てくる遺物は、自分たちが想像していたよりも古い時代を示している。この差は何だ。この住居にはいつの時代の縄文人が暮らしたのだろうか。と、作業をしながら思ったに違いない。

通常、考古学の現場では出土する土器から遺跡の年代を大まかに特定するが、この遺跡ではより精度を高めるために放射性炭素年代法で年代を特定した。これは、出土した土器片に残された炭化物の放射性炭素の減少具合から年代を測定する方法である。その結果、一万三〇〇〇年前のものと判定された。つまり、この小石のような土偶は日本最古級、縄文草創期の土偶だったと推定されたのである。

しかしそもそも、この住居はなぜこんなに深く掘られていたのか。草創期に作られる竪穴住居の一・五倍をはるかに超える、大きさと深さにした理由は何だったのだろうか。

滋賀の地に縄文人が暮らした一万三〇〇〇年前、一時的な寒冷化が地球規模で起こっていたと考えられている。「急激な寒冷化によって、縄文人は寒さをしのぐため、深さが一メートルもある半地下式の竪穴住居を築くようになった」と京都大学の泉拓良《たくら》教授は当時の新聞

〈土偶〉相谷熊原遺跡出土、縄文草創期、高さ 3.1 センチ
滋賀県教育委員会蔵・写真提供

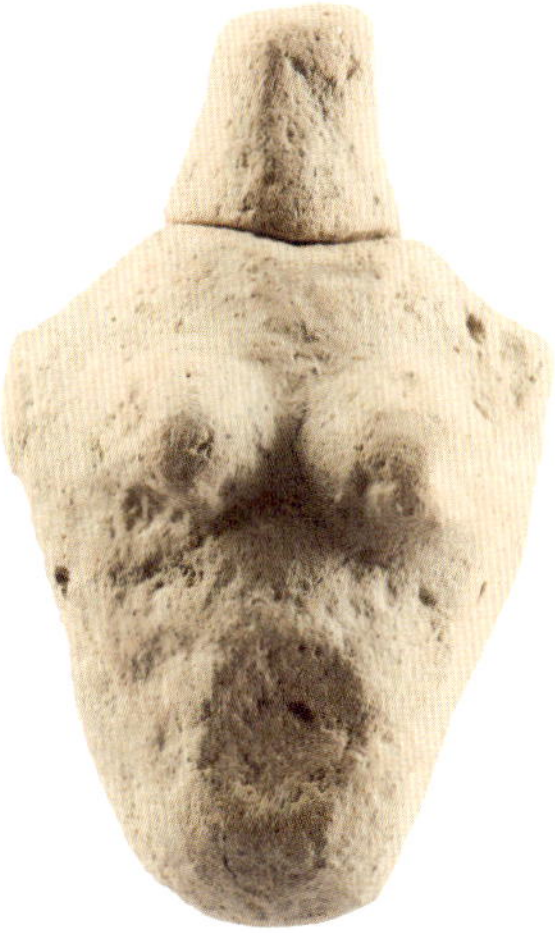

〈土偶〉粥見井尻遺跡出土、縄文草創期、全長 6.8 センチ
三重県埋蔵文化財センター蔵・写真提供

記事で語っている。[3]そしてこう続けた。「深くて大きな竪穴住居を築くには、集団で作業をしなければならず、人が集まることで新たな文化が芽生え、土偶が生み出されたのではないか」と。

旧石器時代とは違う、定住という新たな生活様式を選択しようとする人々の決意の表われとして、また願いを託す存在として、掌にすっぽりと収まってしまうこの土偶が生まれたのだとしたら、それは土偶にとってあまりにも荷が重すぎるだろうか。しかし、同時に考える。もしこれが男性像だったとしたら、人々はこのような役割を担わせただろうか。新たな命を生み出すことができる存在を象《かたど》っていたからこそ、この土偶は小さいながらも柔らかなエネルギーに満ち、人はそれ故に、この土偶に願いを託したのではなかったか。最古級の相谷熊原土偶が「女性像であることは、土偶の観念が当初から女性か女神と結びついていたことを明示している」と当時の新聞記事で國學院大學の谷口康浩教授は話す。[4]

実は同じ縄文草創期に作られたと思われる土偶が他にも存在する。それも鈴鹿山脈を挟んで南に約六〇キロしか離れていない、三重県松阪市にある粥見井尻《かゆみいじり》遺跡から一九九六年に見つかっている。縄文草創期に作られた土偶は、現在のところ、相谷熊原遺跡のこの土偶と粥見井尻遺跡から出た二例、合計三体だけしか見つかっていない。その粥見井尻遺跡の土偶には頭部があり、逆三角形の胴部そして胸が作られているものの、自立することはない。もう一つは頭だけのもの。鈴鹿の山越えがあったとはいえ、六〇キロの距離は彼らにとって問題なく行き来できる距離だったであろう。しかし一方は立体で自立し、女性の特徴を際立たせた女神のような造形を持ち、他方は板状で自立することも女性性をことさら強調する雰囲気もない。

もちろん作り手が違えば、違いは生まれる。だが、私はあえて、土偶に託す願いの違いが造形の違いに表われていると考えてみたい。つまり相谷熊原土偶の乳房の豊かさや腰つきは、新たな生活様式を選びとった人々が子孫繁栄をより強く願い、その想いを込めて作った結果なのではないかと思うのだ。作り手が、ある一人の人間を思い浮かべながら想いを込めて作った、とても個人的な土偶だったのではないかとも想像する。

自立する土偶の多くは中期以降に作られた。しかし草創期であるにもかかわらず、相谷熊原遺跡の土偶は自立していた。これは、小さいながらもこの土偶に日々の暮らしを見守ってもらいたいと、住居の中の特別な場所に置きたかったからではないかと私は推測する。あるいは、昼間はお守りがわりに持ち歩いたのかもしれない。掌に収まるサイズにした理由はこの辺りにあるのではないか。

時代が進むにつれて土偶は自立し、さらに大型化したり、中性的な雰囲気を纏《まと》い始める。

しかしこの相谷熊原土偶の女性性の強い表われを見ていると、一万三〇〇〇年前の昔から命を生み出す者への畏敬の念が存在し、それが「女神」像のような形をとったのではないかと考えたくなる。

小さいけれど、さまざまな愛と想いが凝縮された相谷熊原土偶は究極の土偶だと私は思っている。

1 滋賀県教育委員会『東近江市永源寺相谷村相谷熊原遺跡発掘調査現地説明会』二〇一〇年。本章に登場する出土の状況やデータ、地図は主にこの報告書によった。ただし用語の統一をはかるために、「建物」は「住居」と書きあらためた。

2 「調査担当者「思わず手が震えた」」「産経新聞」二〇一〇年六月四日付、「定住開始と関係か」「中日新聞」二〇一〇年五月三十日付など。

3 前掲「調査担当者「思わず手が震えた」」。

4 「縄文人安住願い「最古の大規模土木工事」」「毎日新聞」二〇一〇年五月三十日付。

2　霧ヶ峰のシャーマンとともに生きた土偶

――縄文のビーナス

土偶は妊娠した女性を表わしていると言われる。もちろん、そうではないという意見もある。縄文の人々の生活や習慣は文字としては残されていないため、当時の人が何を考えて土偶を世に生み出したのか、本当のところを知ることはできない。

しかし、明らかに身ごもっていると思える土偶は数多く存在する。出土した時から「ビーナス」と称された、長野県茅野《ちの》市棚畑《たなばたけ》遺跡から見つかった大型土偶もその一つである。国宝に指定された五体のうち、一九九五年（平成七年）六月十五日に一番最初に国宝となったのが、縄文のビーナスだった（24ページ）。今では縄文のビーナスは、遮光器土偶とともに土偶界を牽引《けんいん》する存在となっている。

この土偶は、一九八六年（昭和六十一年）九月八日の夕暮れ時、沈みゆく太陽が空をオレンジ色に染める中、掘り出されたという。

遺構の測量をしていた調査員が、その近くの一通り調査を終えた場所で、黄色い土からわずかに頭を出している土器片らしいものを見つけた。竹べらで掘り進めると、親指の先ほどの塊は徐々に大きくなり、遂に横たわった土の人形《ひとがた》となった。しかも、作られた当時のままだった[1]。

なんと、早く出たいとでもいうかのように土偶の方から頭を出していたという。高さ二七センチ、下半身の最大幅一二センチ、重さ二・一キロの大型の土偶は土の圧によって、左足が外れていたものの、その他は当時の状態を保っていた[2]。

棚畑遺跡は大正時代から知られていた遺跡である。一九八六年に市が工業団地を誘致することが決まり、遺跡保護のための調査が行われている。そんな中でのビーナス発見だった。遺跡は霧ヶ峰南麓にある日当りのよい台地上にあり、標高は八八〇メートル。縄文時代前期（六〇〇〇年前）から平安時代後期を経て、中世、近世に及ぶ複合遺跡とされている。その中でも縄文時代中期には同時期ではないにしろ、竪穴住居が一四六基あったことが調査によ

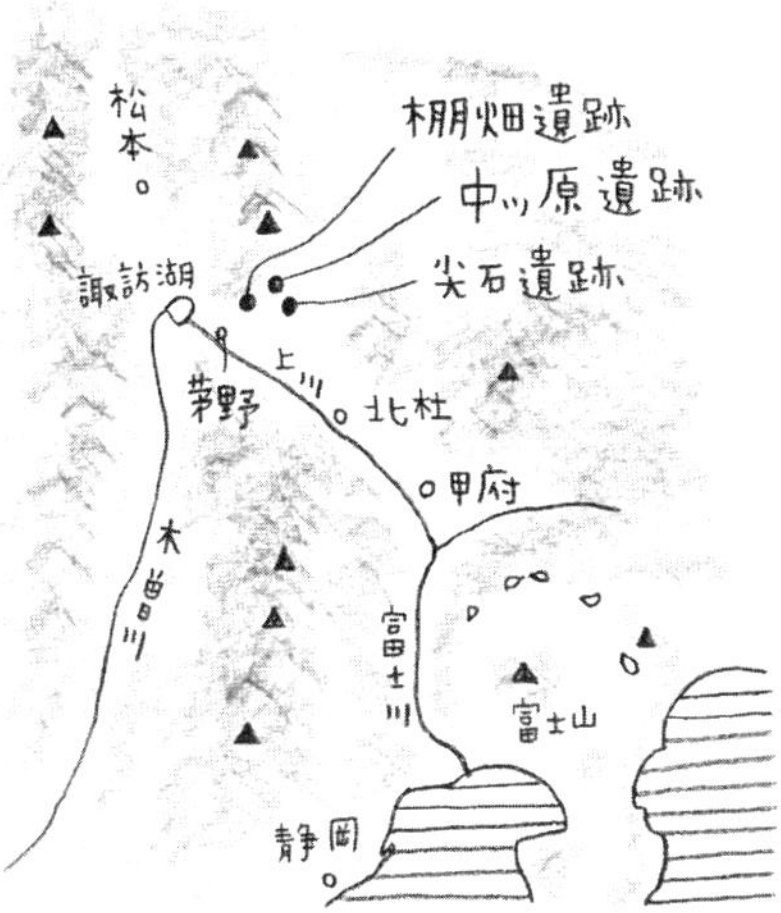

松本
棚畑遺跡
中ッ原遺跡
尖石遺跡
諏訪湖
上川
茅野
北杜
甲府
木曽川
富士川
富士山
静岡

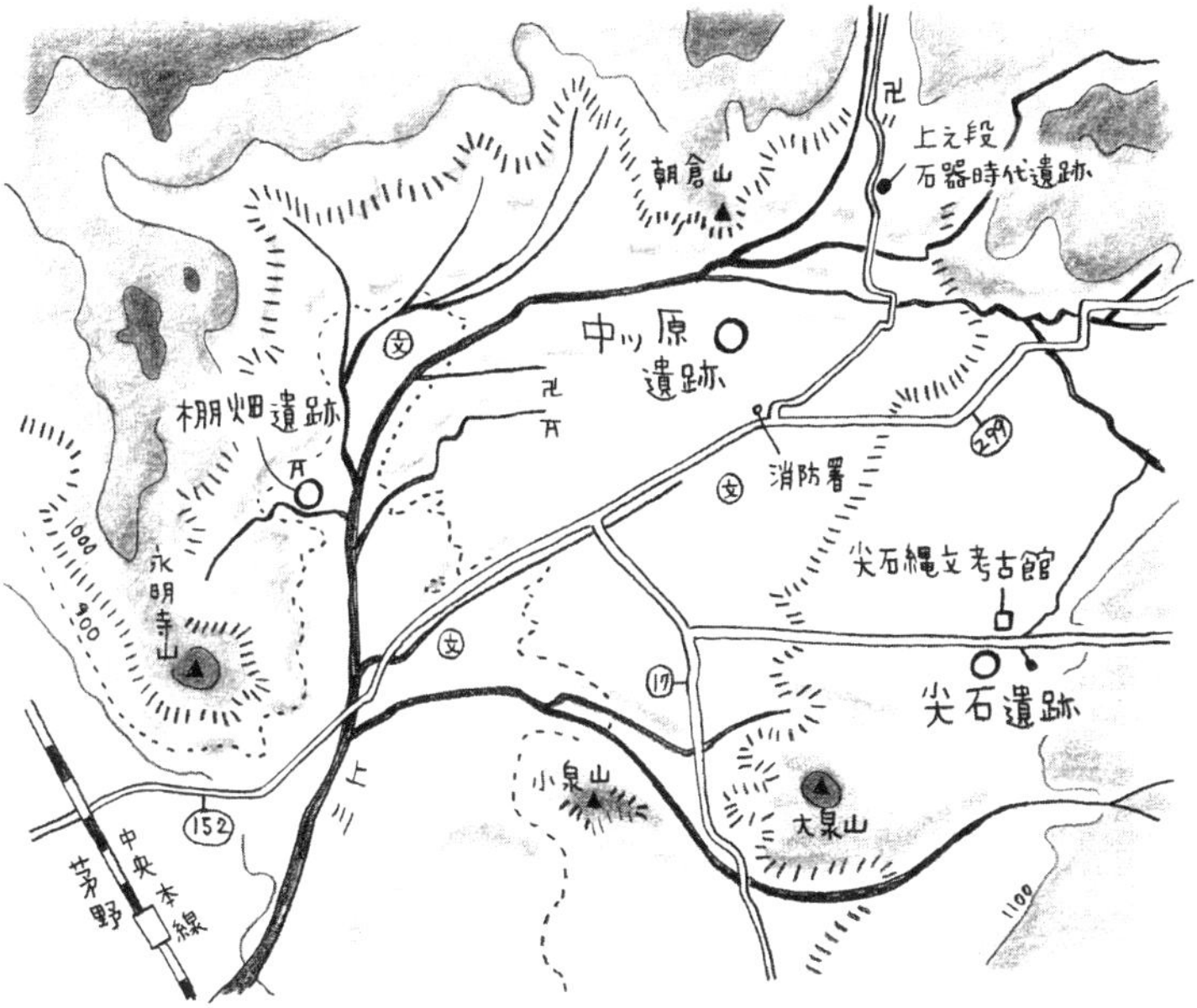

朝倉山
上之段
石器時代遺跡
中ッ原
遺跡
棚畑遺跡
消防署
299
尖石縄文考古館
尖石遺跡
1000
900
永明寺山
17
小泉山
大泉山
上川
152
茅野
中央本線
1100

〈土偶　縄文のビーナス〉
棚畑遺跡出土、縄文中期
高さ 27.0 センチ、茅野市蔵
茅野市尖石縄文考古館
写真提供　国宝

って明らかになった。

　南北二ヶ所にあった集落は広場を中心にそれを取り囲むように環状、もしくは馬蹄《ばてい》形に作られていた。中央の広場には墓域が作られ、ビーナスは小さな土坑の中に横たわるようにして埋められていた。その他、食料を貯蔵しておく貯蔵穴も含めて約六五〇の土坑が確認されている。そのうち浅い坑からは、当時も貴重品だったと考えられる琥珀《こはく》の垂飾《すいしょく》（今でいうペンダントトップ）とさまざまな土偶三六個[3]、五センチほどのミニチュア土器群も見つかっている。

　被葬者が生前身に着けていた装飾品を一緒に埋葬する副葬品は早期、前期から見受けられるが、実はそのような例はきわめて少なく、ごく限られた立場の人だけが、副葬品とともも

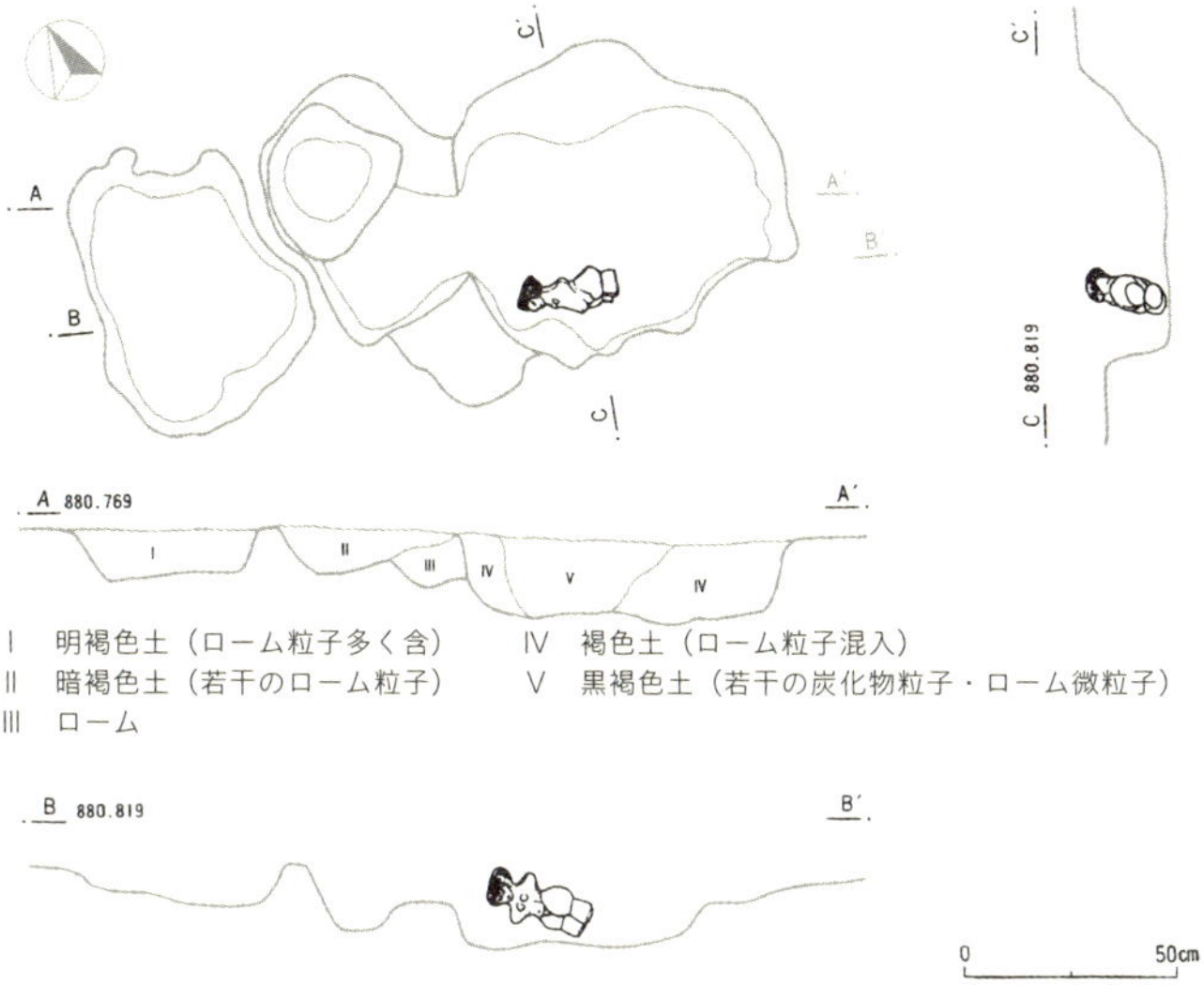

土偶の出土状況　茅野市尖石縄文考古館写真提供
『棚畑――八ケ岳西山麓における縄文時代中期の集落遺跡』より転載

に埋葬されたと言われている。出土品から考えられることは、ここには、この集落の祈りを司るシャーマン（呪術師）が暮らし埋葬されていたのではないかということだ。琥珀のような貴重な石は、すべての遺跡から見つかるわけではない。この石を手に入れることができるほど力のあったシャーマンが存在し、副葬品として埋葬されたと想像するのが自然であろう。そんな人物とともに、縄文のビーナスはこの地で生きていた（シャーマンと土偶の関係についてては72ページ参照）。

ツルツルに光り輝く背中

現在、縄文のビーナスは茅野市尖石《とがりいし》縄文考古館でガラスケースに収まり、多くの来館者を迎えている。そんな中で私は、ビーナスの前にたたずみ、会話をするごとく見つめ続ける女性を幾度となく見てきた。この考古館だけでなく、企画展などで他の会場に展示されている時も同じような女性に出くわした。また、ご婦人方のグループが、

「これ、妊婦さんやって。縄文時代もうちらと同じように子どもを産んでたんやね。あら、お腹が膨らんでるわ。変わらんねえ、女はいつの時代も」

と話しているのを聞くともなく聞いたこともある。

私が知るかぎり、そのように声をかけられる土偶は他にはいない。たしかに、土偶の多くが乳房と膨らんだ腹を持ち、妊娠した証である正中《せいちゅう》線が身体の真ん中に垂直に刻まれている。しかしだからといって、現代の女性たちが、縄文のビーナスを前にした時と同じように、それらの土偶に相対しているかというと、どうも違うように感じる。見る者の心に入り込み、無言の対話ができるのは縄文のビーナスしかいないのではないかと思っている。五〇〇〇年の時間など一気に超越し、子どもを産み育てるただ一人の女性として、今を生きる女性もビーナスと感情を共有するのである。それは、五〇〇〇年前にビーナスを見ていただろう、縄文の女性たちと交歓することなのかもしれない。

当時はどうだったかといえば、ビーナスはシャーマンとともにこの地に暮らす人々の願いを聞いていたのだろう。私たちがビーナスを通して縄文人を感じるように、縄文の人々はビーナスを通して自然界の霊的存在を感じていたのではないか。特に子宝に恵まれるように、そして無事に出産できるようにと女性の切実な願いを、ビーナスを通して天に祈ったのではないかと想像する。ツルツルに光り輝く背中は、縄文人たちが願いを込めて触っていたのかもしれない。ビーナスは集落の守り神として、特別な祭りの際にはシャーマンの道具として使われ、平素は安置されている場所で人々に触られ、安心を与えていた——、そう思えてならない。聞き届けた祈りの多さがますます神々しい存在へと変えていったのではないか。

そして初めからビーナスは特別な土偶として生み出されたということも考えられる。というのは、特別な作り方をされていたからだ。掘り出された後、ビーナスはコンピューター断層撮影装置を使い、X線写真を撮影している。その結果、彼女は単純に粘土の塊を寄り合わせたり繋いでいく一般的な技法で作られているのではないことが判明している。まずビーナスをイメージした骨組みを作り、それを軸に頭、両腕、腹、左右の尻、両脚の八つのパートに分けて肉付けされていたのである。そしてキラキラと輝くように金雲母《きんうんも》を練り込んだ粘土で、わざわざ表面を覆われていた。

〈土偶　縄文のビーナス〉背中
茅野市尖石縄文考古館写真提供

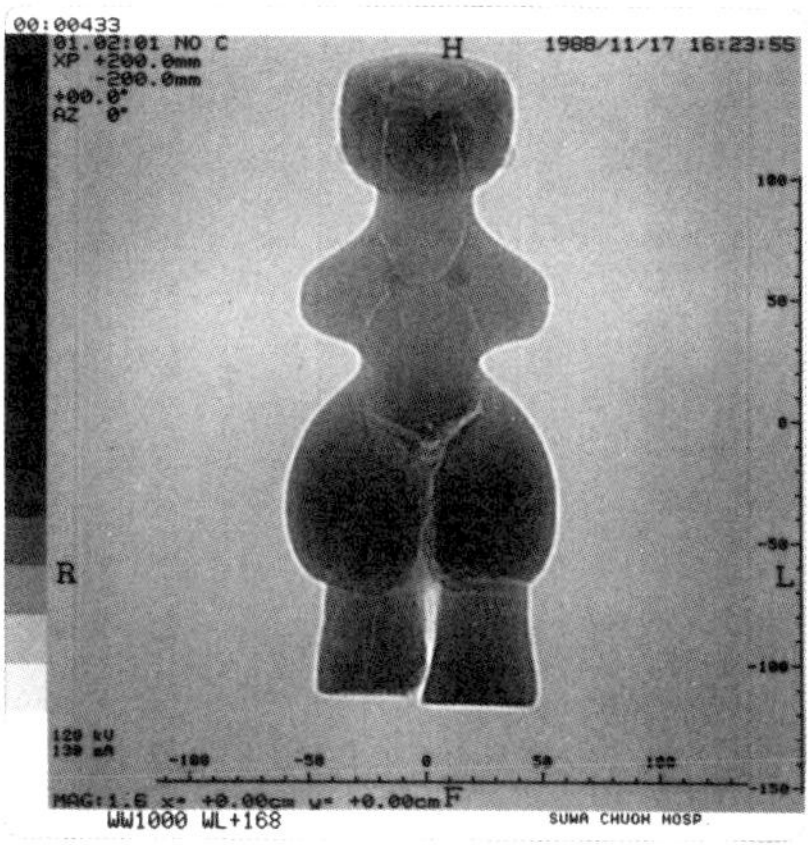

X線画像、茅野市尖石縄文考古館写真提供

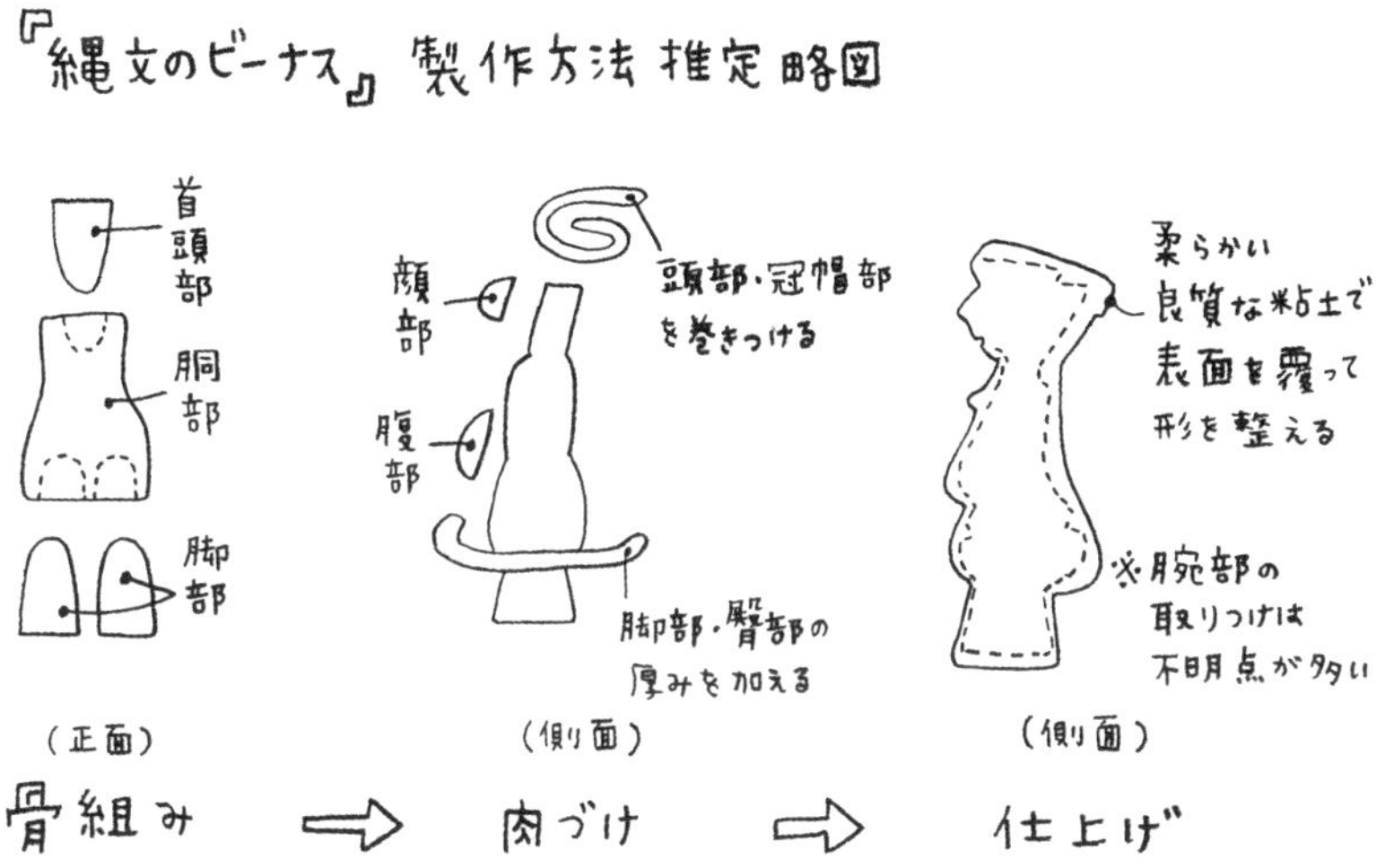

さらに身体の作りに目をやれば、乳房は申し訳程度に作られ、ウエストはきゅっと細く、腹は膨らんで下垂し、尻は見事なまでのハート形。安産をイメージさせる腰つきである。顔を見ると、目は吊り上がり、鼻はちょんと針で刺したような表現がなされ、頭には結髪《けつぱつ》の様子を表わしたのか、渦巻き模様が描かれていた。しかし、身体には一切の模様はない。造形の美しさだけが際立つように作られて、後世に伝わる。

次章で詳しく見るが、土偶は、通常壊されて見つかることがほとんどである。実際にビーナスが見つかった同じ遺跡から、五センチほどの素朴な作りをした土偶や、上半身がない土偶、頭部だけの土偶などさまざまな状態のものが見つかっている。その中にあって壊されることもなく、ともに暮らした人々に、ビーナス専用の小さな坑を掘ってもらい役目を終えた特別な土偶。そこからは、ただの土の焼き物ではない、集落の人々との心のやり取りが透けて見えてくる。

1 「素晴らしき土の芸術家たち6」「長野日報」、一九九五年一月二十五日付。

2 茅野市教育委員会『棚畑――八ケ岳西山麓における縄文時代中期の集落遺跡』一九九〇年、本章に登場する出土の状況やデータ、地図は主にこの報告書によった。前掲「素晴らしき土の芸術家たち6」他参照。

3 前掲『棚畑』。その後の整理作業で新たに九個が土偶だったと判明し、合計四五個になった。

3 壊された数だけドラマがある

――釈迦堂《しゃかどう》遺跡群の一一一六個の土偶

山梨県は、縄文時代中期の様子を知るには欠かせない「縄文大国」であると言っていい。国宝に指定された二体の土偶が出土しているお隣りの長野県と合わせて、両県を含む中部高地は、縄文時代中期の人々の暮らしや世界観を知るにはもってこいの場所である。

その山梨県には、延べ人数二万人を動員して発掘された大集落の遺跡がある。東八代《ひがしやつしろ》郡一宮町（現、笛吹市）と東山梨郡勝沼町（現、甲州市）にまたがる「京戸川《きょうどがわ》扇状地」の扇央部で、甲府盆地東部の地域に、大小四つの遺跡が東西に並んで見つかった。それらを総称して、釈迦堂遺跡群と呼ばれている。調査された範囲は二万五〇〇〇平方メートル。一九八〇年（昭和五十五年）二月八日から翌一九八一年十一月十五日まで行われ、期日が迫る頃には、

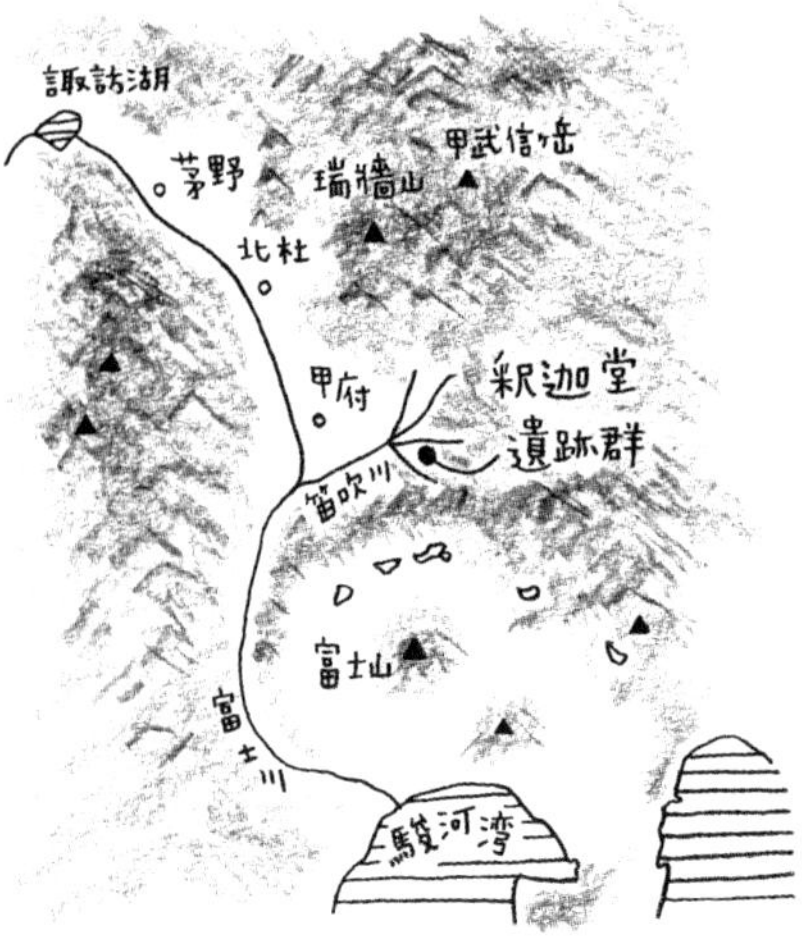
諏訪湖
茅野
瑞牆山
甲武信岳
北杜
甲府
釈迦堂
遺跡群
笛吹川
富士山
富士川
駿河湾

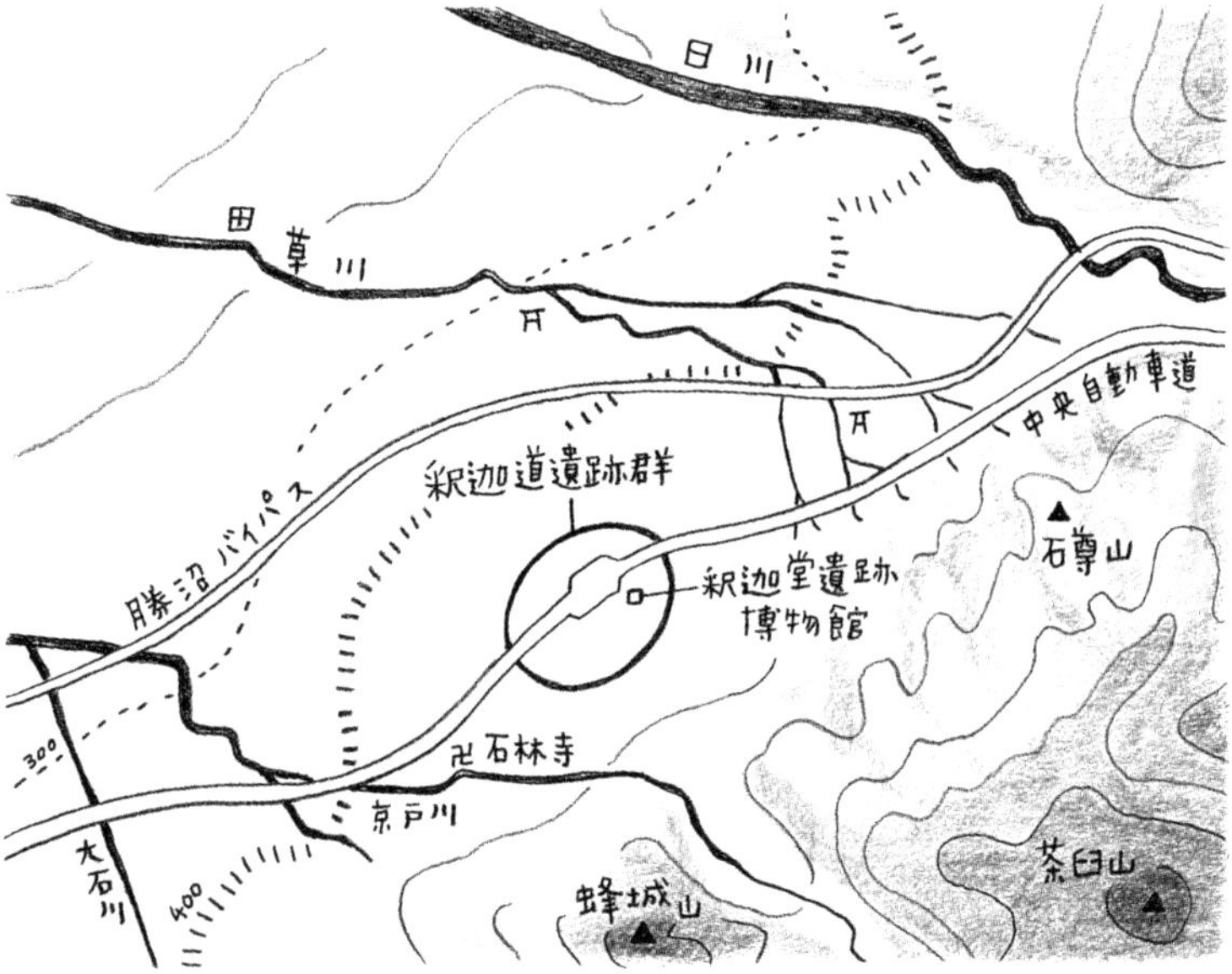
日川
田草川
中央自動車道
釈迦道遺跡群
勝沼バイパス
釈迦堂遺跡
博物館
石尊山
卍石林寺
京戸川
300
400
大石川
蜂城山
茶臼山

連日一〇〇名を超す作業員が現場に入り、必死に調査にあたったという。[1]

よほど暮らしやすい場所だったのだろう。旧石器時代、縄文時代、古墳時代、奈良時代、平安時代にわたって人々が暮らした痕跡が見つかった。住居跡は総数二四九基、うち一九三基が縄文時代中期のもので、そこから出土した遺物の量は整理箱八〇〇〇箱を超えた。長期間、人々が繰り返し暮らした場所ではあるが、一番賑《にぎ》やかな時代は縄文時代中期だったと言える。

集落は住居が扇形に配置され、中央には墓や広場などがあり、その外側には多くの土器や遺物が捨てられた場所が広がっていた（研究者は「土器捨て場」と呼ぶ）。うち一基の住居跡からは、底の部分が抜けた大型の土器が見つかっている。中には、骨片とともに子ども用と考えられる玩具などの副葬品があったという。つまりこの土器は子どもを入れる棺《ひつぎ》であり、人々はその棺を住居内に埋めていたことになる。

実は縄文時代の埋葬の方法にはさまざまあり、子どもはこのように土器の中に入れられて埋葬されることが多い。一説には土器を母胎と見立て、再び母親の身体に戻ってくるように願いを込めたのではないかとも言われる。釈迦堂のこの子も、涙にくれる両親に抱きかかえられながら土器の中に入れられ、寂しくないように玩具と一緒に埋められたのかもしれない。

一一一六個の土偶

釈迦堂遺跡の名前を全国に知らしめたのは発掘された土偶の数の多さである。一つの遺跡で七、八個、多くても二桁が通常の発見数なのだが、釈迦堂遺跡では、連日、遺跡内のあちこちの住居群から土偶が見つかったのだ。これには現場も騒然となったという。それはそうだろう。そのほとんどが壊れていたというのだ。バラバラと身体のパーツがあちこちから見つかる光景は、少々気味悪くもある。そうして見つかった土偶の数は一一一六個にもなった。うち、全身が認められる土偶が一個。顔が一八〇個。その他、両脚が揃ったもの、腕だけのもの、胴部だけのものなどさまざまな部位が見つかった（38ページ）。

中には二三〇メートルも離れた場所から見つかっているのに、接合できた土偶もあるという。釈迦堂遺跡では、調査の行われた区域の中央に浅い谷があり、縄文時代中期の住居群も、ここを境に大きく東西に分けられている。そして谷をまたいで存在する二つの住居群に、もともとは一つであった土偶がバラバラに埋められていた。これはいったい何を意味するのか。

千葉県市原市には能満上小《のうまんかみこ》貝塚という遺跡がある。ここからイノシシを象った土の焼き物が出土したのだが、後ろの左右の脚と胴体は、別々の住居の中から見つかっている。[2] つまり

土偶出土状況と住居跡の様子。釈迦堂遺跡博物館写真提供

⑪イノシシ形土製品の出土状況

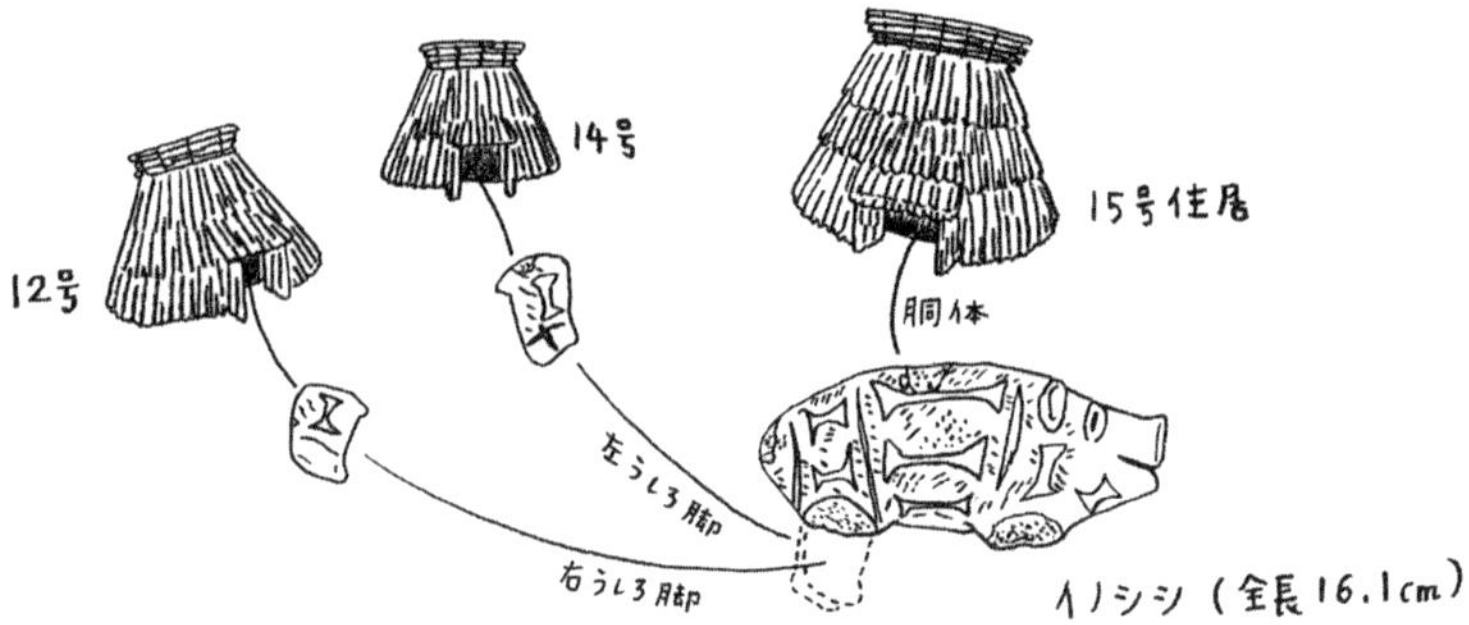

能満上小貝塚から出土したイノシシの土製品は、別々の住居から、左右の脚、胴体が見つかった

イノシシの土製品を焼き、焼き上がった後にわざわざバラバラに分解して各家で所有したということらしい。イノシシは子だくさんの動物である。バラバラにして所有することで、各家が子宝に恵まれるように「子授け守り」としたのだろうか。あるいは、その各家の住人たちで大きなイノシシを仕留め、みんなで記念品としてイノシシの土製品を持ったのかもしれない。再び大きなイノシシが仕留められるようにと願いを託しながら。

このイノシシの例から、釈迦堂遺跡の土偶を考えてみることはできないだろうか。発掘された後、首尾よく接合された、もともとは一つであった土偶は、儀礼の道具として役目を果たしていたのではないか。それを割り、隣り合った集落の人々が破片を一つずつ持ち帰って、お守りのように所有した。この時、彼らには何としても叶えたい共通の願いがあり、霊的存在に聞き届けてくれるよう祈っていたのかもしれない。もしくは両者の間で何か揉めごとが起こっていた。どうにも折り合いがつかず、集団のシャーマン、もしくはムラのオサによって仲裁がなされた。その和解の証に両者が土偶の破片を所有したとは考えられないだろうか。これは、私の想像に過ぎない。たしかに、割れた土偶の出土数に少し怯《ひる》んでしまう遺跡だが、割れた土偶の向こう側にはここで暮らした人々の存在が感じられるように思えてならない。

「割る」という行為

釈迦堂遺跡から出土した土偶は、そのX線画像から、頭、腕、胴、脚の各部位の粘土の塊を接合させて形作っていたことが分かっている。[3] 塊を繋ぎ合わせる場合、その繋ぎ合わせた部分から割れてしまうことが多い。釈迦堂遺跡から見つかる土偶がなぜこんなにも割れているのか、その理由は技法から説明がついた。

そして一歩進んで、割れているというよりも、むしろ割られるために作った土偶なのではないかと研究者は考えた。つまり縄文人たちは「割る」という行為に意味を見出し、そのた

釈迦堂遺跡から見つかった壊された土偶。
釈迦堂遺跡博物館蔵・写真提供。撮影、塚原明生

めの土偶を作ったということである。土偶を壊す行為は、その土偶に宿った精霊を送る行為なのだという説もある。たしかに、人形《ひとがた》である以上、その造形は霊的存在の依り代にもなりうる。だが、確かなことは分からない。

果たして一一一六個の土偶は割られるために作られたのだろうか。

実は、私も土偶を作ってみたことがある。縄文の人々のように細かい造形まで作り込む技術を持ち合わせていないため、比較的作りやすい土偶を作った。作り出すまでは、「自分が作ったものを壊すなんてとんでもない」と考えていた。人形であれば尚更である。作っていくうちに情が移るに決まっているじゃないか。そう思いながら土偶を作った。ところが、である。作り終えた瞬間に、そんな感情は一切なくなった。

実際に当時はどのような目的で土偶が作られたのか、議論はさまざまに続いているが、たとえば安産祈願を成就させるために作ったならば、その気持ちを込めて土偶を作ることに意味があり、取り組んでいるその時間と気持ちに意味があったのではないかと私は思い至った。願いが転写された土偶を壊すことで霊的存在に想いが届けられるのだと縄文人たちが考えたとするならば、彼らは土偶を壊すことに積極的な意味を見出したはずである。

そしてもう一つ、壊すことの意味は、願いをかけた人の心の中を支配していた執着にあったのではないか。どんなに崇高な願いごとであったとしても、それを心の中で抱き続ければ執着となる。いつしか心も身体もがんじがらめになって、毎日の生活に意識が向かなくなってしまう。そうならないようにするために、土偶を壊すことで、硬くなった心を解放したのではないか。土偶を作り終えた時、清々しい気持ちを感じながら、そんなことを思った。

もちろん、縄文人たちの気持ちは分からない。一万年以上も続いた時代であるから、時代や環境によって、土偶を作る意味合いも変わっただろう。作り手一人ひとりの想いも違ったはずである。しかし思うのは、一一一六個の土偶にはきっとそれぞれ物語があったということだ。どんな物語であるのかは分かりようもない。しかし釈迦堂遺跡にはそれだけたくさんの誰かが誰かを思い、また毎日の生活を生き抜こうとした人々の証が土偶となって、埋まっていたのである。

1 「山梨の縄文人——釈迦堂遺跡にみる」『山梨日々新聞』一九八一年七月二十二、二十三日付。山梨県埋蔵文化財センター調査報告書『釈迦堂Ⅰ』一九八六年。本章に登場する出土の状況やデータ、地図は主にこの報告書によった。

2 財団法人市原市文化財センター調査報告書『市原市能満上小貝塚』一九九五年。忍澤成視「千葉県市原市能満上小貝塚出土のイノシシ形土製品」『考古学雑誌』第七九巻第四号、一九九四年。

3 山梨県埋蔵文化財センター調査報告書『釈迦堂Ⅲ』一九八七年。

4　この子だけ、なぜ残されたのか

――縄文の女神

現存する日本最大の土偶は、山形県最上郡舟形町の西ノ前遺跡から出土している「縄文の女神」である。

一九九二年（平成六年）六月から進められていた尾花沢新庄道路建設のための発掘調査で、頭、胴、腰、左足、右足など五つに割れた土偶が、直径五、六メートル、深さ一・五メートルほどの場所から相次いで見つかった[1]。八月四日から六日にかけてのことである。

この場所は、縄文人が不要になったものを廃棄した捨て場と考えられており、石皿などの生活用具や大量の土器がごちゃごちゃと、足の踏み場もないほど堆積していた。その潰れて折り重なるように土器が堆積した隙間に土偶があったのだ。他にこの遺跡からは、土器や儀礼で使ったと考えられるバラバラにされた土偶が大量に見つかった。土器は整理箱で約八二〇箱、土製品、石器、石製品などは約八〇箱分にもなったという。

五つに割れて発見された土偶は、その後復元されている。高さ四五センチ、肩幅一六・八センチ、股下約一五センチ、重さ三・一五五キログラム（復元重量）で、「縄文の女神」としてこの世界に蘇った。誠に大きな土偶である。新生児ほどの大きさといったところだ。

全体的に赤褐色で、パンタロンを履いているかのように広がった下半身には等間隔の力強い横線が施されている。そして板状をした上半身が絶妙なバランスで逞《たくま》しい下半身に乗り、全国にあまたある立像土偶の中でも絶対的存在感を放つ。八等身の身体につけられた頭部に

〈土偶　縄文の女神〉
西ノ前遺跡出土、縄文中期
高さ 45.0 センチ、山形県蔵
山形県立博物館写真提供　国宝

出土状況
山形県立博物館写真提供

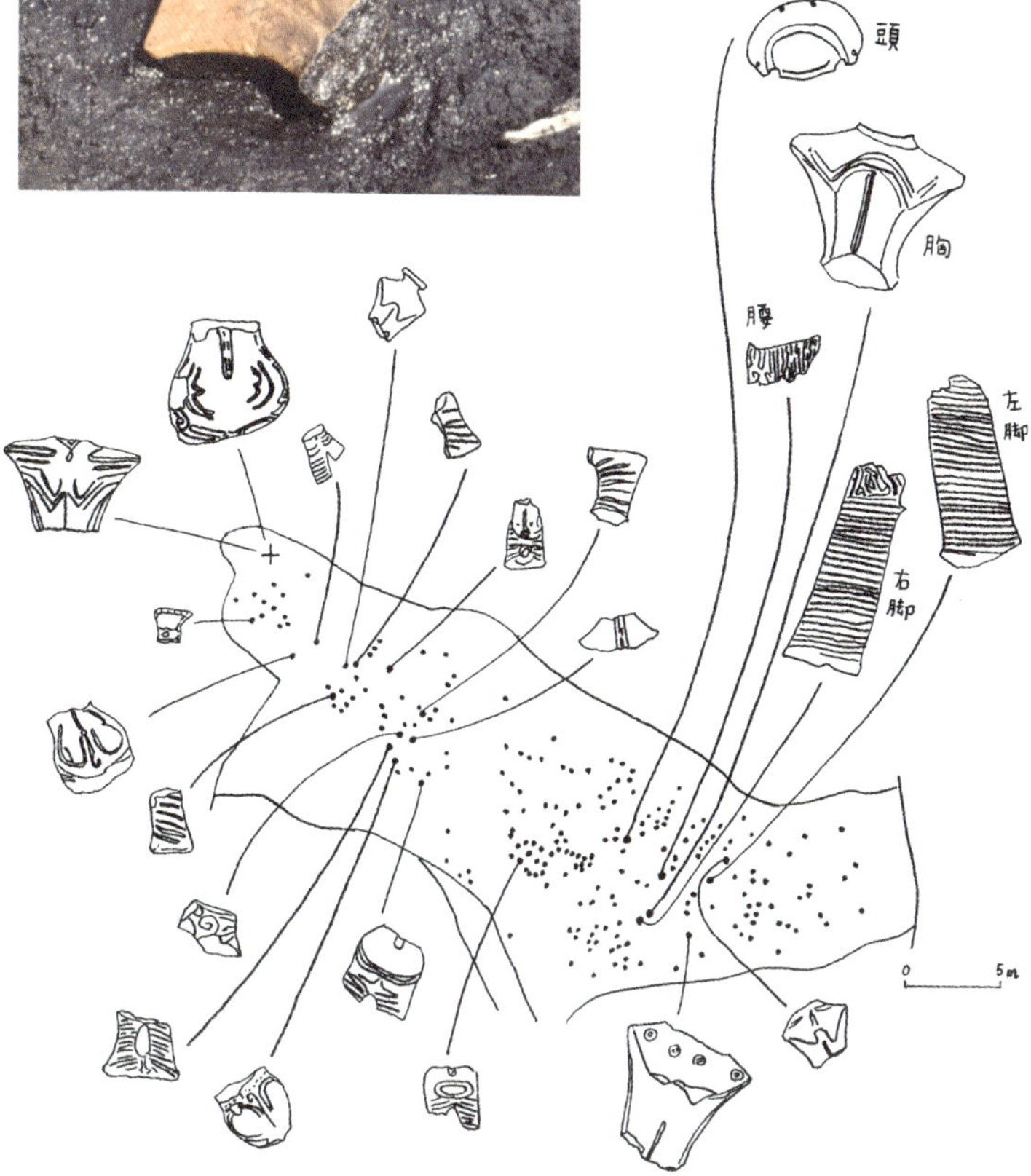

縄文の女神、残欠は、直径5、6メートル、
深さ1.5メートルほどの場所から相次いで発見された

〈出尻土偶〉中ノ内Ａ遺跡出土、縄文中期、高さ15.8センチ
東北歴史博物館蔵・写真提供

は顔の表現はなく、ただ、顔の両側に耳飾りと思われる穴があいているだけ。腕は省略され、肩からＷ字型に垂れ下がる乳房と身体の中央を走る正中線から、妊娠した女性であることが見て取れる。

ところで、縄文の女神にそっくりな土偶が宮城県中ノ内Ａ遺跡から見つかっていることをご存じだろうか。こちらの大きさは一五・八センチと、女神に比べ、だいぶ小振りである。

きゅっと後ろに突き出したお尻、肩から続いて垂れ下がる、女神より少し大きい乳房、そして括れたウエストが縄文の女神に瓜二つである。ただ、全体的に造りのラインがゆるやかでキレがないようにも感じられるのだが、どうやら女神も含め、縄文時代中期の山形県、

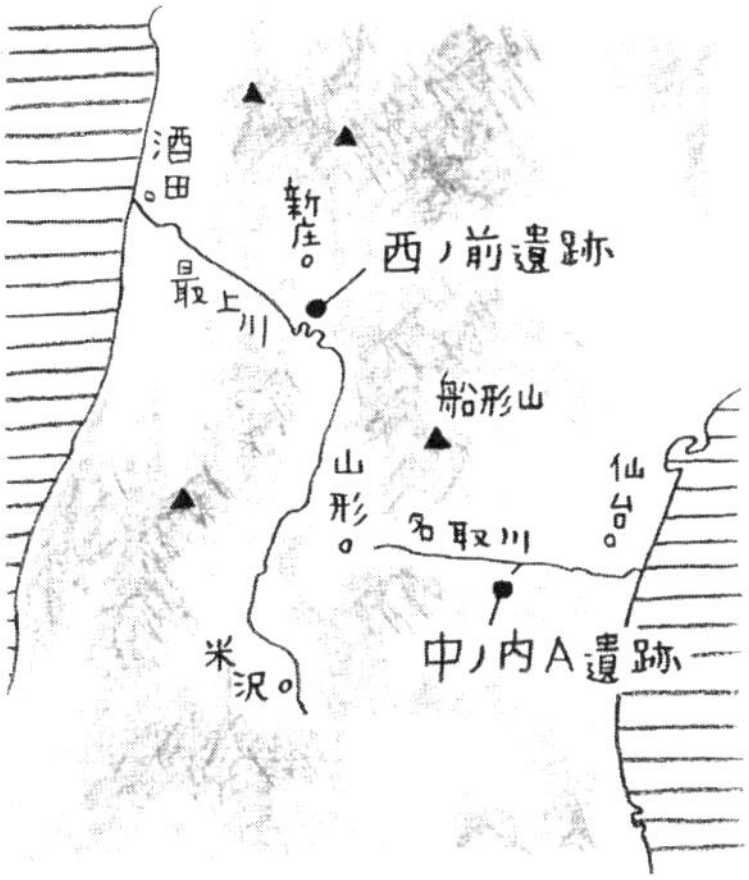
酒田
新庄
西ノ前遺跡
最上川
船形山
山形
仙台
名取川
中ノ内A遺跡
米沢

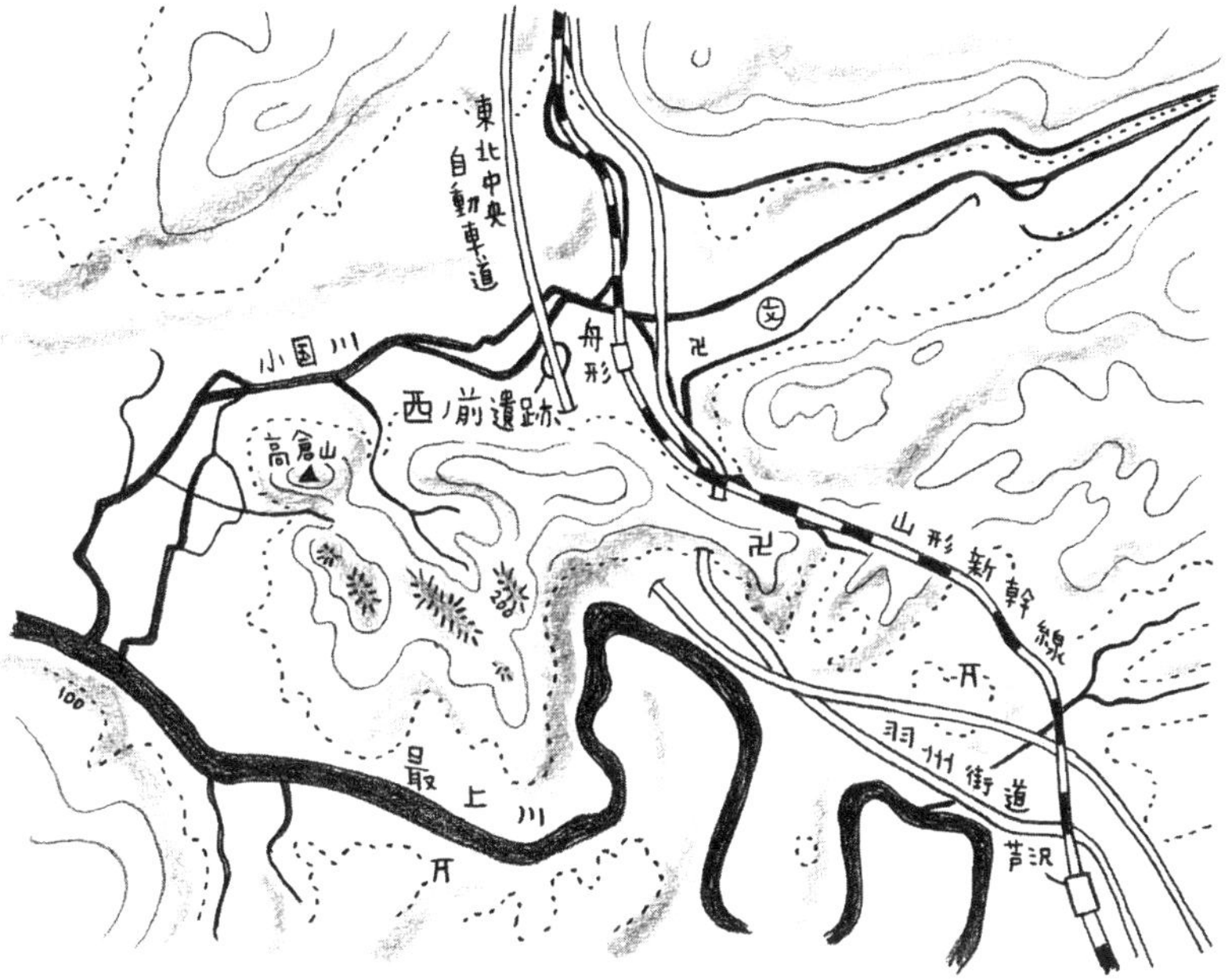
東北中央自動車道
舟形
小国川
西ノ前遺跡
高倉山
山形新幹線
羽州街道
最上川
芦沢
100

宮城県で盛んに作られた土偶の造形だったようである。作られた時代としては中ノ内A遺跡の土偶の方が少し古い。二つの遺跡は山を挟んですぐの場所にあり、大木《だいぎ》式といわれる土器（145ページ）のデザインを共有する文化圏だった。つまり、今でこそ「山形県」「宮城県」と行政区は分けられているが、当時は同じような文化を共有して暮らしていた。だから自然に似たような土偶が生まれてきたのである。

残欠四七点

さて、話は西ノ前遺跡に戻る。この集落には他にも土偶がいた。それが一緒に発掘された四七点の「土偶残欠」たちである。この残欠は、縄文の女神が見つかった周辺、また住居跡や土坑などから発見された。縄文時代中期に北陸で成立した、頭のてっぺん部分が河童の頭のように平に作られた土偶を「河童形土偶」（147ページ）と呼ぶが、その影響を感じさせながらも、縄文の女神同様、顔の表現がない頭部や、これまた女神と同じ特徴を持つ脚や胸の破片が見つかっている。

頭部、頭部から胸部、胸部、腰、腹部、腰部から脚部、脚部、頭部のみ欠損したもの、残

〈土偶残欠〉西ノ前遺跡出土、縄文中期、山形県蔵
山形県立博物館写真提供　国宝附

欠計四七点は、どれも繋ぎ合わせることができなかったという。それに対して狭い範囲に埋められ、およそ五〇〇〇年の時を経て全身が繋がった女神。ここには縄文人たちの何らかの意図があるように思われてならない。

そもそもこれらの残欠と女神は同時期に作られたものばかりではなかった。女神と同じ時期に作られたものもあれば、そうでないものもある。発見された場所が沢だったためにきちんとした地層に分かれておらず、作られた時期が前後した状態で残欠は堆積し、出土しているが、身体に描かれた文様や形から判断すると、およそ数百年の時間的な隔たりがあると考えられている。そしてやはり気になるのは、女神だけが粉々にされずに残ったことの意味である。細かく割られた土偶とそうでない女神——、ここに暮らした土偶の用途は何だったのだろうか。

釈迦堂遺跡群の土偶が、割られるために作られていたのではないかと考えられているように、まず土偶は壊される存在であった。病気治癒など、直接的な願懸けをするために用いられた日常的な呪術の道具だったのだろう。患っている部分があれば、土偶の同じ場所を壊すことで、痛みを土偶に肩代わりさせ、早く治るよう祈願したというのは、しばしば唱えられている土偶の用途の一つである。

一方、縄文の女神はそれとは一線を劃《かく》す存在だったのではないか。たとえばシャーマンの相棒として、儀礼の際に霊的存在に対して祈るために使われた道具だったとは考えられないだろうか。だから、縄文の女神はあれほどまでに大きく、美しい立ち姿をしていた。そして役目を終えた時、土偶に宿った力を奪うために、人々は五つに割りはしたけれども、願いを聞き届けてくれるものとして今まで大切にされてきた女神の尊厳を守るように一ヶ所に埋めたとは考えられないだろうか。これもまた真相は分からない。しかし両者には明らかな扱いの違いがあったことが窺える。

土偶が大きくなっていった理由

残欠の中には、女神の腰よりも大きな腰の破片があった。つまりこの集落には、壊れていなければ女神よりも大きな土偶が存在していたのである。それもいくつもあったのではないかと言われている。

ここからもう一つの可能性を考えてみることができるだろう。人々は、なんとかして大きな土偶を作ろうとしていたのではないか。ひょっとすると、何体か大型の土偶を焼いた中で、うまく焼けたのが現存する女神だけだったのかもしれない。だから他の大型土偶は壊された。

いや逆に、あまりに大きな願いごと、たとえば集落の存続などを叶えるために巨大な土偶を焼き上げ、儀礼のために壊したのかもしれない。土の中から見つかったものから真実を読み解くことは難しい。しかし、このように残欠が発見されたことのうちに、土偶と縄文の人々のさまざまな関わり方や彼らの考え方、習慣、心のありようを捉える可能性が潜んでいるようにも思われる。

実際、縄文時代中期には大きな土偶が作られ始めている。自然環境が安定し、食料が増えると人々に栄養が行き渡るようになる。人口は増え、集落の規模も大きなものから小さなものまでいろいろ存在したのだろう。ここに至って、個人的な祈りとともに集団としての祈りが生まれたとしてもおかしくはない。

たとえば環状集落の中央の広場で儀礼を行う時に小さな土偶だったらどうだろう。土偶はその大きさによって効果をもたらすわけではないだろうが、広場に集まった集落の人々と向き合うためには、大きな土偶の方がその役割は果たしやすい。少し遠くから土偶を見つめる人々にとっても可視的であることは意味があっただろうから、人々が求めた結果だったのかもしれない。こうして集落の人々は四五センチにもなる大きな土偶を作ったのではないか。

一方で、女神の大きさは土器の大きさに連動しているという説もある。この時期の東北地方では軒並み土器が大型化しているという。縄文の女神が生まれた山形県では、現在全国で二位の高さを誇る八九センチの巨大な縄文土器も見つかっている。当時の人々が何を求め、大きな土器や土偶を作ったのかは分からないが、「大きな」焼き物に対して、それまでとは異なる特別な感情を抱き、それを求めたのかもしれない。

二〇一二年（平成二十四年）九月六日、縄文の女神は国宝となった。そして四七点の土偶残欠も、縄文の女神を補完する貴重な資料であることを理由に、「国宝附《こくほうつけたり》」として国宝に指定された。

私は女神に似た四七点の土偶残欠たちに心を寄せる。この一つひとつに当時の人々の想いが込められていたのだ。そして集落のシンボルである女神の唯一性を守るかのように、他の土偶たちが数百年にわたって壊されたようにも思えてならない。現実的には役割の違いなのだろう。しかし無惨に割られた破片が何とも愛おしく思えてくる。

1　山形県埋蔵文化財センター『山形県埋蔵文化財センター調査報告書第1集　西ノ前遺跡発掘調査報告書』一九九四年三月。出土の状況やデータ、地図はこの報告書によった。

5　土器の一部になった人形《ひとがた》

——人体文土器とは

土偶とは、縄文時代に土で作られた人形の焼き物を指す。ところが、その人形は時に土器にへばりつくように作られている場合がある。これを「人体文土器」と呼ぶ。他に「人面把手付《じんめんとって》土器」と言われる、人の顔とおぼしきものが縁に付いている土器もあれば、「人面付土器」と言われる、土器の表面に人の顔が貼付けられたものもある。人の顔だけでなく、イノシシや蛇、見ようによってはカエルと思える動物が付けられた土器もある。これを「獣面把手付土器」と研究者は呼ぶ。縄文人の発想の豊かさには舌を巻く。

しかし縄文の人々の発想がいかに豊かで、その創作意欲が強かったとしても、それだけでは説明しきれない動機がこれらの土器の製作を支えているのではないか。ここにも縄文人の何らかの想いが込められていると考えてみることができるのではないか。

ただ、残念なことに人体文土器が作られたその理由については、研究があまり進んでいない。土偶と同じように、あるいはそれ以上に解釈が難しい遺物であるため、研究者もなかなか手がつけられないのだという。土器に顔がつき、器以上の意味があるだろう不可思議なものとして現われること、いやそれ以前に、発見される数が土偶に比べて圧倒的に少ないことも、研究対象としにくい要因なのかもしれない。

両脇を抱えられた宇宙人

福島県飯野町（現、福島市）を流れる阿武隈《あぶくま》川沿いの台地上にある和台遺跡は、県道工事の発掘調査中に見つかった。今から約四〇〇〇年前の縄文時代中期の遺跡と考えられており、一〇〇年から二〇〇年ほど続いた集落だという。それもただの集落ではない。通常四基から六基ほどの竪穴住居が集まって一つの集落となると考えられているが、ここから発見された竪穴住居はおよそ二三〇基。ただし、すべてが同じ時に存在したわけではない。常時五〇基ほどの竪穴住居が建てられ、約二五〇人が暮らしていたのだという（それに重ねるようにし

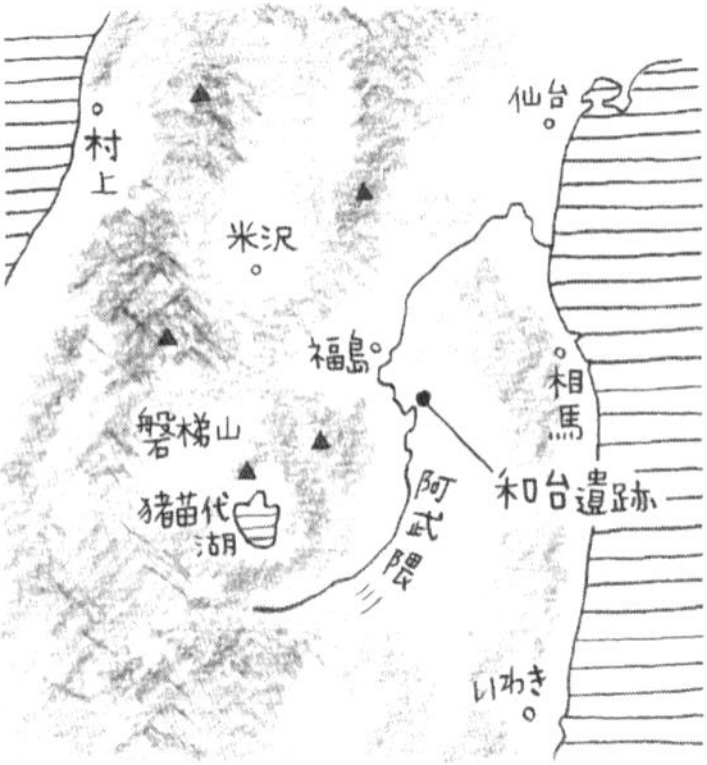
村上
米沢
仙台
福島
相馬
磐梯山
猪苗代湖
阿武隈
和台遺跡
いわき

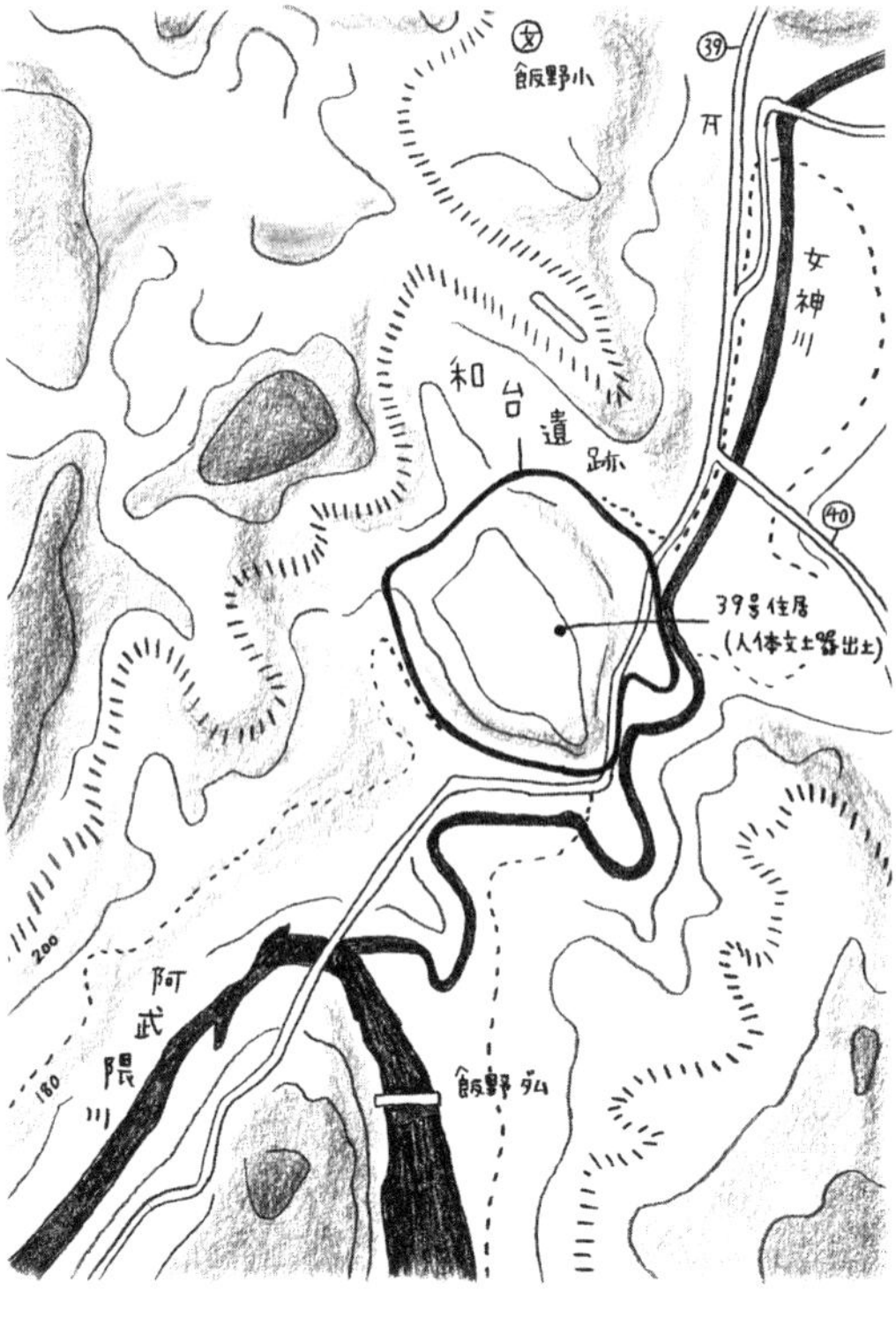
飯野小
39
女神川
和台遺跡
40
39号住居
(人体文土器出土)
200
180
阿武隈川
飯野ダム

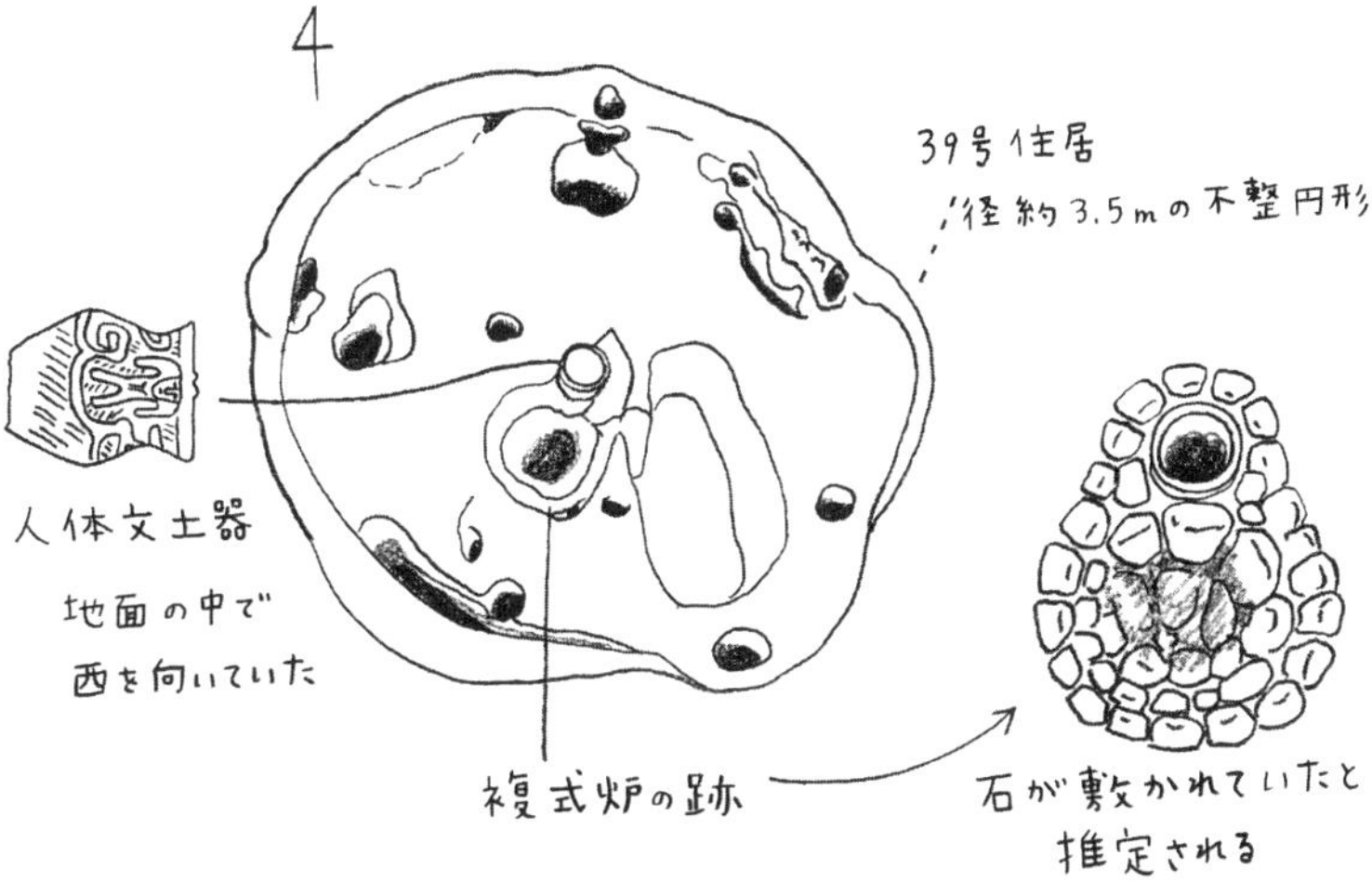

人体文土器の出土状況

て、次の世代も住居を作った）。このように大きな集落を拠点集落といい、和台遺跡は周辺の中心的集落だったのではないかと考えられている。

その遺跡の中から、人体文土器が見つかった。

和台遺跡の竪穴住居に作られた炉は、東北地方南部、特に福島県の縄文文化を特徴付ける「複式炉」であった。これは、土器が地中に埋められているものと、石だけで組まれているものの二つの炉からなる。そうした炉で人体文土器も使用されていたが、埋設されていたため、発掘時には人形が付いているとは気がつかなかったという。接合してはじめて人体文土器だったことが判明した。そこに現われたのは、両脇を抱えられた宇宙人のよう

〈人体文土器〉和台遺跡出土、縄文中期、高さ32.0センチ
福島市教育委員会蔵・写真提供

な人形だった。

土器の高さは約三二センチ。口縁部の直径約二八センチの腰の張った深鉢で、人形は土器表面の上部から底部近くにまで及んでいた。大きさ二〇センチ。かなりの迫力である。粘土を貼付けて全身を表現し、目、鼻、口が立体的に作られている。貼付けられた粘土は幅が広く、他の部分に施された大木一〇式といわれる土器文様の特徴と相俟《あいま》って、全体に調和が満ちている。そして通常、土偶は女性を表わしていると考えられるが、このヒトの性別は判断が付かないという。

ところで人形が付いていようが、土器は土器である。調理のための道具であり、貯蔵のための道具である。ところがこの土器には油や料理の煮こぼれた痕が見当たらないという。[1]ということは、この土器は生活道具としての役目を果たしていなかったということになる。この土器はいったい、何のための土器だったのだろうか。

一心不乱に踊るシャーマン

そしてもう一つ、見る者に「やあ」と声をかけてくれる気がする、とてもチャーミングな人体文土器がある（60ページ）。山梨県中巨摩《なかこま》郡（現、南アルプス市）の鋳物師屋《いもじや》遺跡から見つかったのがそれだ。正式名称は人体文様付有孔鍔《ゆうこうつば》付土器という。土器の上部の鍔状の部分に孔がぐるっと開けられており、動物の皮を張って太鼓にしたのではないか、果実酒を醸造するための空気孔だったのではないかと言われているが、真相は分からない。

その土器の表面に、腕が異様に細長く、下半身には縄文のビーナスにも見られる左右対称の特徴的な模様が施された人形が描かれている。これは、縄文時代中期の関東から中部地方にかけて見られる模様である。実は、この土器の表面には三つの場面が描かれているが、そのうちの一場面がこの子なのである。

土器の高さは五四・八センチとこれもかなり大きい。その中央の人形は冠のような帽子を

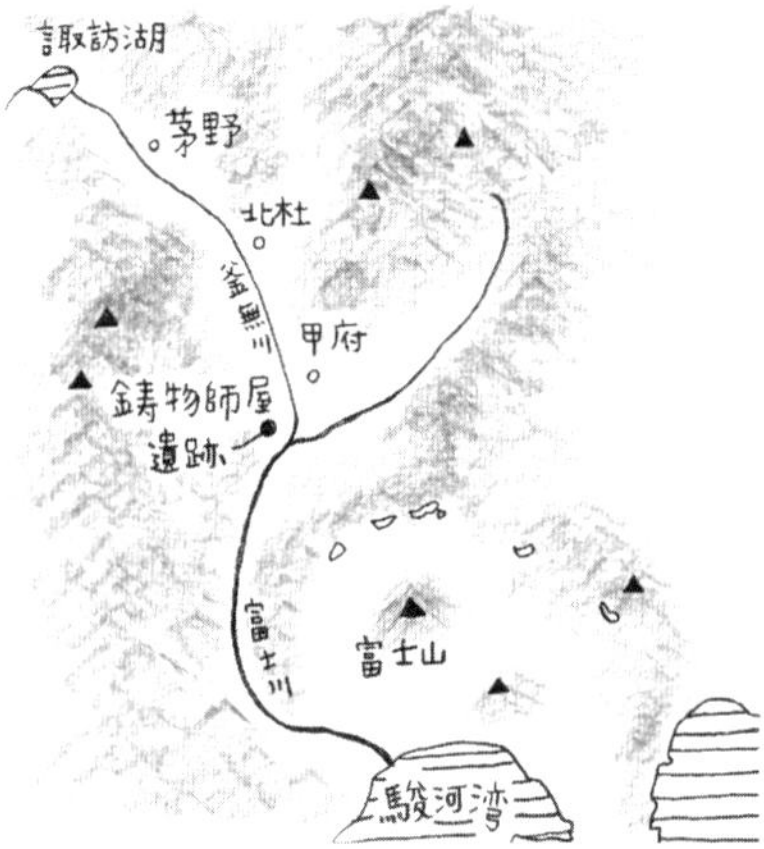
諏訪湖
茅野
北杜
釜無川
甲府
鋳物師屋遺跡
富士川
富士山
駿河湾

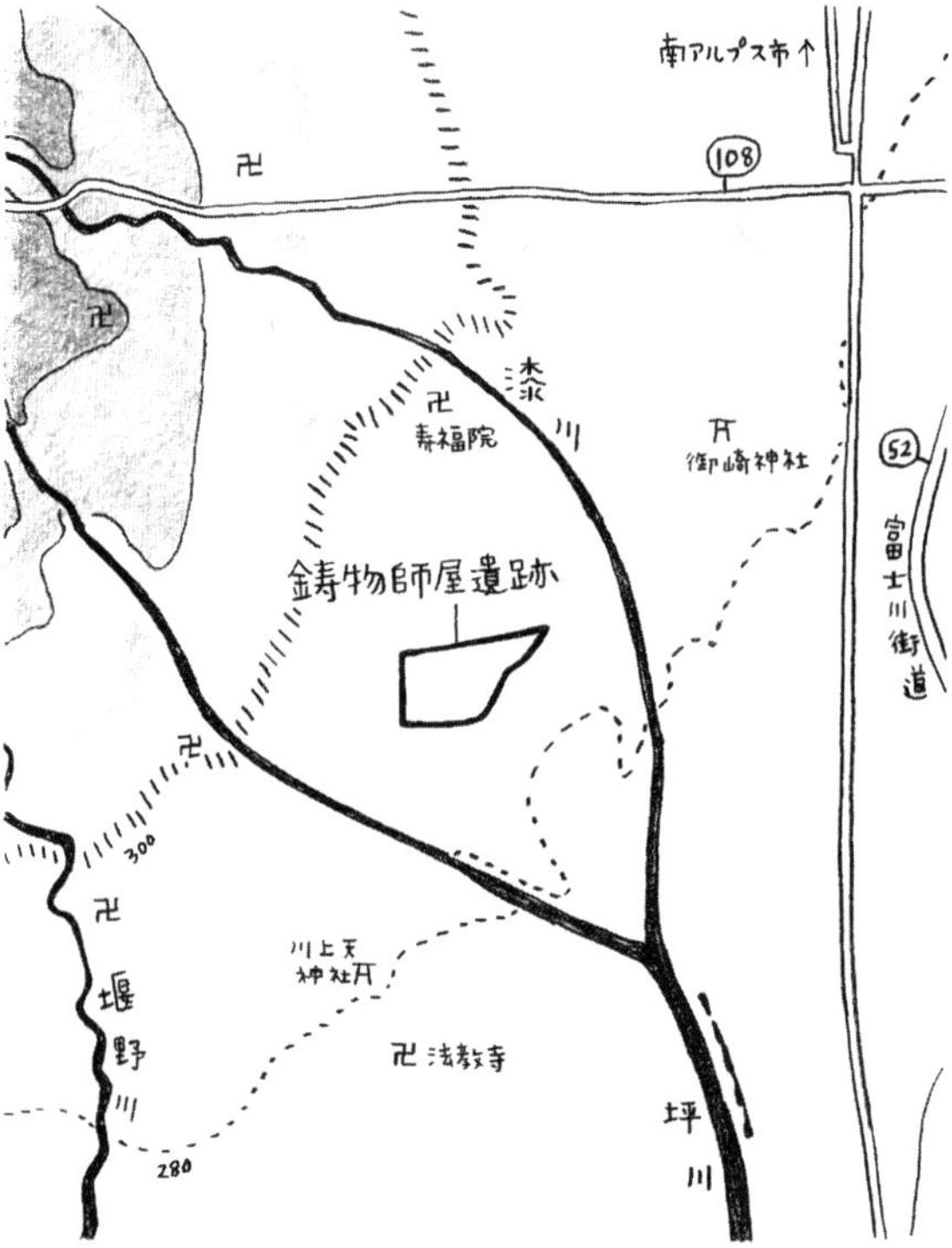
南アルプス市↑
108
漆川
寿福院
御崎神社
52
富士川街道
鋳物師屋遺跡
300
川上天神社
法教寺
堰野川
坪川
280

被り、頬にはシュッと二本の入墨を入れているとされ、大きく開いた口、躍動感のある右腕の表現から一心不乱に踊るシャーマンの姿を描いたのではないかと考えられている。

　鋳物師屋遺跡は扇状地にある約五〇〇〇年前の縄文時代中期の集落跡である。直径一三〇メートルの範囲に三二基の竪穴住居跡（うち隣接する〆木《しめぎ》遺跡五基を含む）[2]が見つかっている。中央に広場があり、住居はその周りを取り囲むように建てられていた。

土器の土の謎

　さて、二つの人体文土器を見たが、ここで「なぜ人形を付ける必要があったのか」を考えてみたい。すでに述べたように、理由についてはそれほど研究が進んでいないため、いったん人形から離れて縄文土器に注目してみることにしよう。

　一万年以上にわたって作られてきたさまざまな縄文土器の表面には、地域や年代によって特徴的な文様が施されている（140ページ）。土器の文様は、現代の私たちに製作年代を初め、多くの情報を与えてくれる。しかし本来、調理器具、貯蔵器具としての機能だけを考えるならば、これらの文様は必要なかったはずである。場合によっては熱効率が上がることもあり

〈人体文様付有孔鍔付土器〉鋳物師屋遺跡出土、縄文中期、高さ 54.8 センチ
南アルプス市教育委員会蔵・写真提供

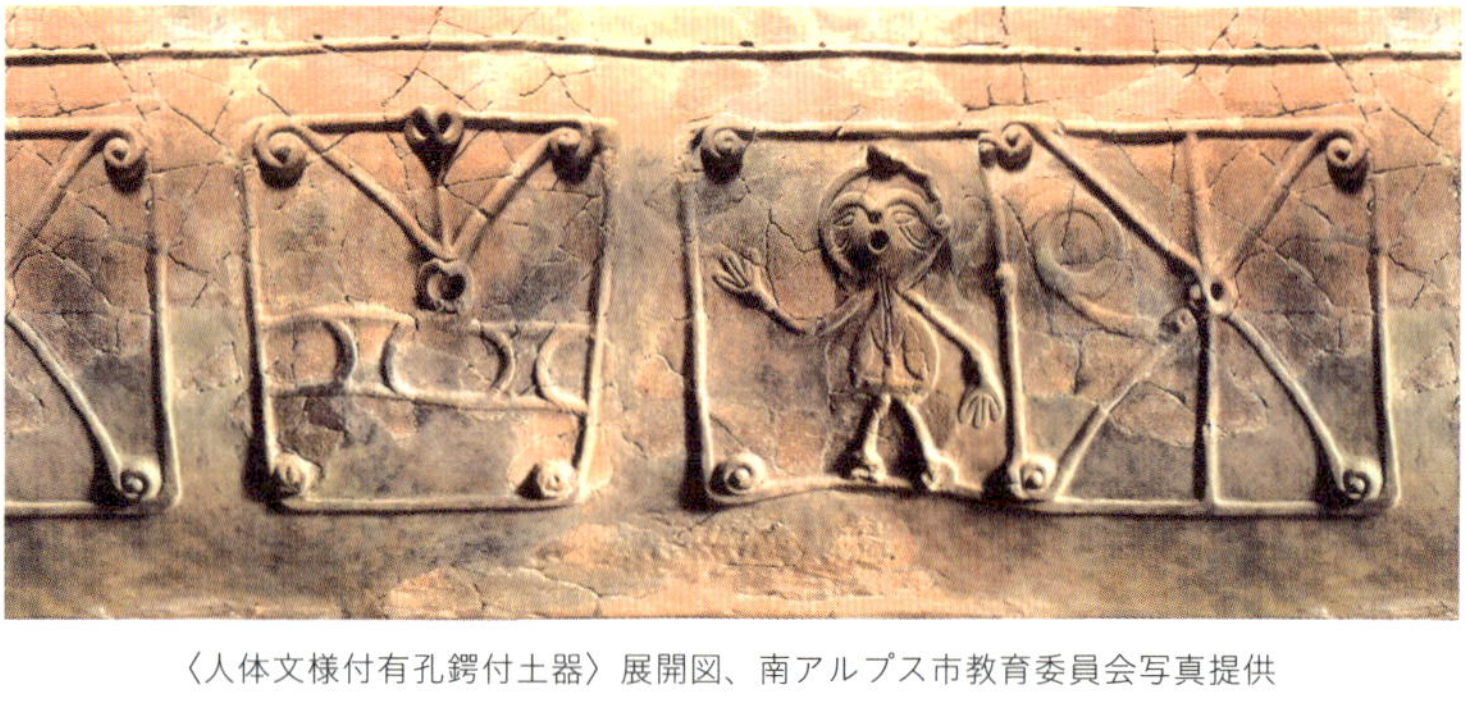

〈人体文様付有孔鍔付土器〉展開図、南アルプス市教育委員会写真提供

得るが、基本的には必要ないものだったと言ってよい。たとえば、土器でお湯を沸かすには一時間以上かかる。たしかに、お湯が沸くまでの間、飾りも何もない土器を見て待つのは味気ないことだろう。しかしこの理由で、表面に文様を付けたというのは考えにくい。縄文人たちはもっと違う意味で繰り返し文様を付けたのではないだろうか。

土を捏《こ》ね、乾かし、火で焼くことで固まって器になることは、彼らが経験から会得した知識である。今のように科学が発達しているわけではないから、繰り返しの経験、そしてトライ・アンド・エラーのすべてが知識を形成していく。私たちからすれば、縄文時代最大の発明だとされる土器だが、彼らにとっては、その原理はともかく、とにかく大きな土の器ができ、それに水を入れて食べ物を煮ることで格段に食料事情がよくなったことだけが分かっていたはずである。

食べるものが増えるということは、彼らにとって生存の確率が上がることを意味した。この時代、十五歳まで生きられたのは、一人の母親が産む子どもの約半数程度だったという説があるくらいである。その理由はいろいろ考えられるが、やはり栄養の問題を抜きにはできないだろう。現代の八割ほどのカロリーを摂取していたとされる縄文人ではあるが、満足に食べられる時ばかりではなかった。とにかく食べることに貪欲で、そのために日々の暮らしが廻っていたはずだと考えていい。そうすると、土器こそ、食べにくいものを食べられるも

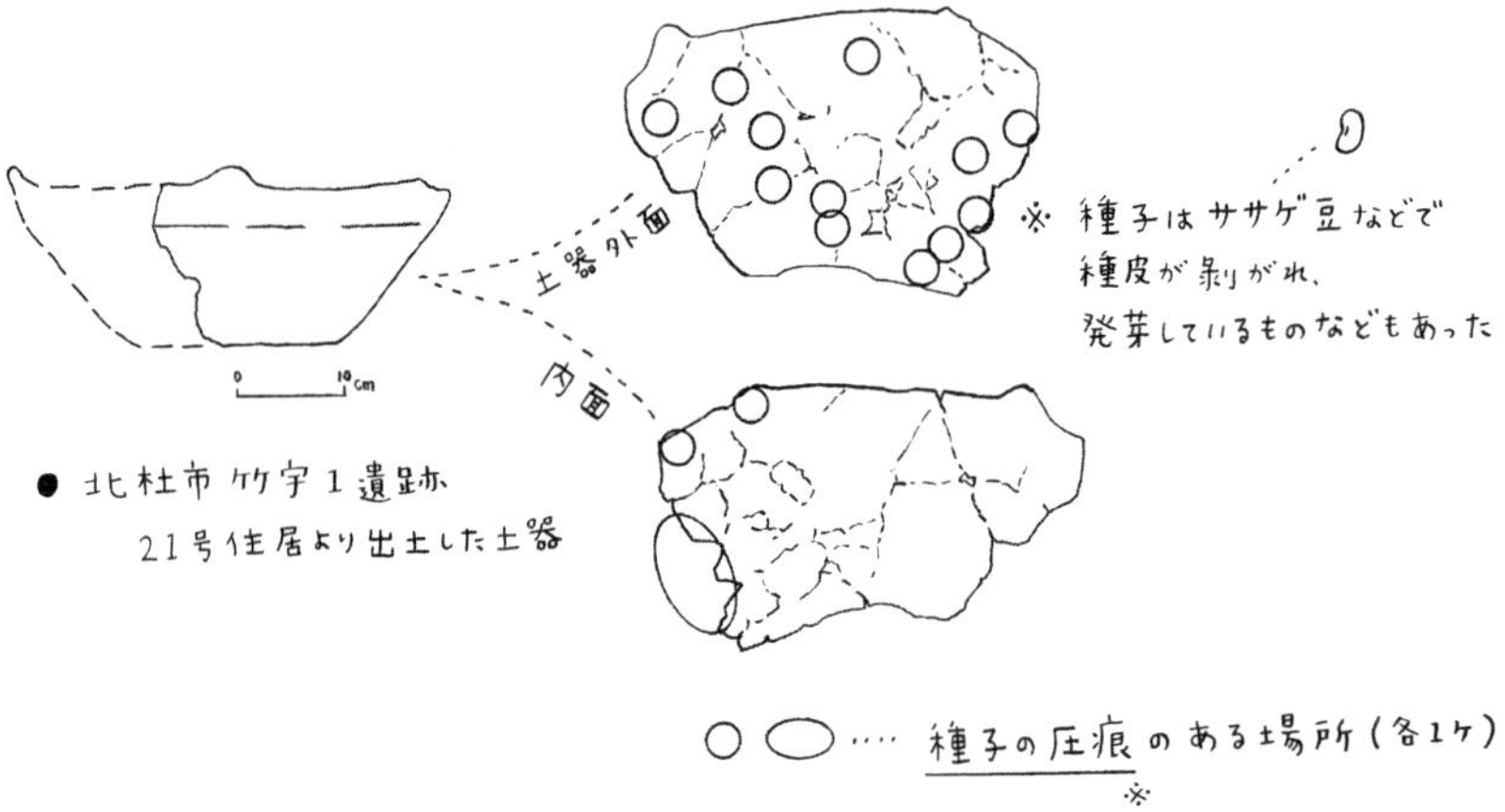

のに変えてくれる不思議な道具だと彼らが思ったとしてもおかしくない。

こんな話がある。

山梨県北杜《ほくと》市教育委員会の佐野隆さんによれば、竹宇《ちくう》1遺跡から出土した土器一二個体と土器破片一〇〇点、器台一個体の中から、マメ類の圧痕と思われるものが一一三個見つかった。それに対して、同じ場所から出土した二七個の土偶の土には、一つも圧痕は見つからなかった。[3] 報告書には、「北杜市内で出土した縄文時代中期初頭から晩期末葉までの土偶三二四点をX線撮影したところ、確実に種子圧痕と思われる試料は一点もなく、わずかに土偶一点に圧痕の可能性がある像が見つかったのみであった。竹宇1遺跡の土偶における圧痕の不検出は、土偶の役割が食物資源との関わりで説明されることが多い状況を勘案すると、単に確率論以上の意味をもつ可能性がある」とある。

三二四点という大量の土偶があってもそこには植物種実を埋めた可能性がある形跡は一例しかなかった。現在まで、土偶は、病気治癒などと同様に食料確保を祈った道具だと考えられてきたが、実際はそれだけではないのではないか、という可能性が報告書からは読み取れる。それに対して、土器はマメ類が混ぜられて焼かれている。このマメ類は何のためだったのか。土器という、食べ物を与えてくれる不思議な道具にマメ類を埋め込むことで、いつまでも食料が絶えることなく恵まれることを、八ヶ岳に暮らした縄文の人々が祈ったのではないか。それこそ、子、そして孫の代まで、一族が安心して暮らしていけるよう、祈りを込めて、粘土にマメ類を混ぜたのかもしれない。

いつしか、土器は命を生み出し、繋いでいく、なくてはならない神聖なものとして捉えられるようになったのではないか、私にはそう思える。そして特別な道具に文様を入れることが、いつまでも土器が自分たちに食べ物を与えてくれるように魂を込める、祈りを捧げる行為だったとしたら、一見無駄だと思われがちな複雑怪奇な模様が彼らの心のうねりのように見えてくる。土器の表面に人形を描く行為は、集落の皆が餓《う》えることなく生き延びられるようにいつまでも見守ってほしいという想いの表われだったのではないか。日常の呪術、つまりマジカルな意味は土器にも宿っている。

このように考えてくると、和台遺跡から出土した人体文土器に煮炊き用の道具として日常的に使った痕跡がないことの意味が、おぼろげにではあるが見えてくる。より呪術的な意味合いの強い土器を使って、賑やかな儀礼を行い集落の安寧を祈った縄文人の姿が浮かび上がってきた。

1　新井達哉『縄文人を描いた土器——和台遺跡』新泉社、二〇〇九年。その後の研究の成果を伺って、この部分をまとめている。

2　櫛形町教育委員会『鋳物師屋遺跡』一九九四年。

3　北杜市教育委員会『竹宇1遺跡』二〇一六年。

6　ヒントはこの土偶に隠されている
——仮面の女神

二〇一四年（平成二十六年）八月二十一日、「仮面の女神」と愛称が付けられた、縄文後期の仮面つき大型中空土偶が国宝に指定された。考古学的価値に加え、美術的な評価が高く「縄文時代の土偶造形の頂点に位置付けられる[1]」と評されてのことだった。長野県茅野市はこの認定によって、二体の国宝土偶を所有する自治体となった。

二〇〇〇年（平成十二年）八月二十三日、八ヶ岳西麓の標高九五〇メートル前後の尾根状台地に作られた中《なか》ッ原《っぱら》遺跡を、当時、発掘作業員だった柳平年子さんが作業していた時のことだ。午後二時過ぎ、移植ごてが土偶の仮面部分に「コン」と当たり、「黒光りする尖ったもの」が出たという。頭部や右側面の土を取り除くうちにその姿が見えてきたのである。そ

〈土偶　仮面の女神〉中ッ原遺跡出土
縄文後期、高さ34.0センチ
茅野市蔵、茅野市尖石縄文考古館写真提供
国宝

れは見たこともないほど大きな土偶だった。誰よりも先にその姿を目にした柳平さんは後に「体が震えて恐くなった」と話している[2]。彼女の報告を受け作業を交代したのは、当時、調査を指揮していた茅野市文化財課の守矢昌文さんであった。守矢さんは、「重大発見だ。大騒ぎになるぞ」と思ったと語っている[3]のだが、このいささか冷静なコメントには驚く向きもあるかもしれない。

以前、発見した瞬間の話を守矢さんに聞いたことがある。ファンなら誰もが興奮で体が熱くなる土偶発見の世紀の瞬間である。それもただの土偶ではない。驚くほど完成された大きな土偶が目の前に現われたのだ。発掘からすでに時間が経過していたとはいえ、その瞬間の高揚した気分を守矢さんと共有させてほしいと思ったのだが、それとはまったく違う言葉が飛び出した。

「言われればたしかに感動したんでしょうが、そんなものは一瞬です。頭の中は現実的なことしか浮かびませんでしたよ。これをどうやって公表するか、警備はどうしよう、作業の進行はどうするってことが頭の中を走るわけですよ」

これには唖然《あぜん》とした。発掘調査に携わっていても、こんな大発見に立ち会える現場はそうそうない。歓喜に浸っていいはずの状況なのに、なんてもったいないと私は少々腹立たしくも思ったが、当時の様子を記した新聞記事を見ると守矢さんの言葉にもうなずくことができた。

土偶発見の発表がなされると世間は大騒ぎとなった。八月三十日の一般公開を待ちきれずに発掘現場を訪れる市民や考古学ファン。市教育委員会文化財課には始業と同時に、県内はおろか東京や名古屋から次々と問い合わせの電話が鳴った。「一般公開はいつからなのか」など、受話器を置くそばから次の電話が鳴るという状況だったという[4]。

当の土偶はというと、発掘現場で劣化を防ぐために白いビニールで覆われていたため、その場を訪れたとしても実物を見ることはできない。それでも押し寄せる一般の人々のために、発掘担当の職員が写真を見せながら、出土状況の説明を繰り返した。発掘作業とともに、市民への対応に迫られた現場は独特な熱を帯びていったことだろう。あまりの反響の大きさに、警備体制も強化され、二十七日からは夜間の警備を民間会社に委託し、二十九日からは警備員の数を増やす事態となっていた。[5] それほどまでに仮面の女神に対する世間の関心は高かったのである。

一般公開当日。

約四〇〇〇人の考古学ファンが東京や大阪からも訪れ、正午頃には長蛇の列になるほど盛況を呈した。市職員に誘導されながら数メートル先に横たわる仮面の女神を、身を乗り出すようにして見学する人々に、守矢さんは一〇〇回以上も同じ説明を繰り返したという。[6]

中ッ原遺跡は約六〇〇〇年前の縄文前期から約四〇〇〇年前の縄文後期前半に人々が暮らした環状集落である。この土偶は、その中央に広がる墓域と思われる場所から見つかった。ここには土坑墓《どこうぼ》（土に坑《あな》を掘っただけの墓）が密集しており、楕円形の坑が三つ並んだうち長径二・〇一メートル、幅一・〇五メートルの中央の坑に、頭を西に、脚を東にして土偶は眠っていたという。土偶用に掘られたと思われる直径五〇センチ、深さ四五センチの坑の中に左側を下にした格好で横たわり、その右足は胴部から外され、九〇度以上回転させた状態でともに埋められていた。[7] 後の調査から、右足の割れ口から胴部にかけて、脚を外した際に出る破片が詰められていたことが分かり、この集落で暮らした人々が土偶を意図的にそのような状態にして埋めたことが判明した。しかしどんな理由でその状態で埋めたのかは知る

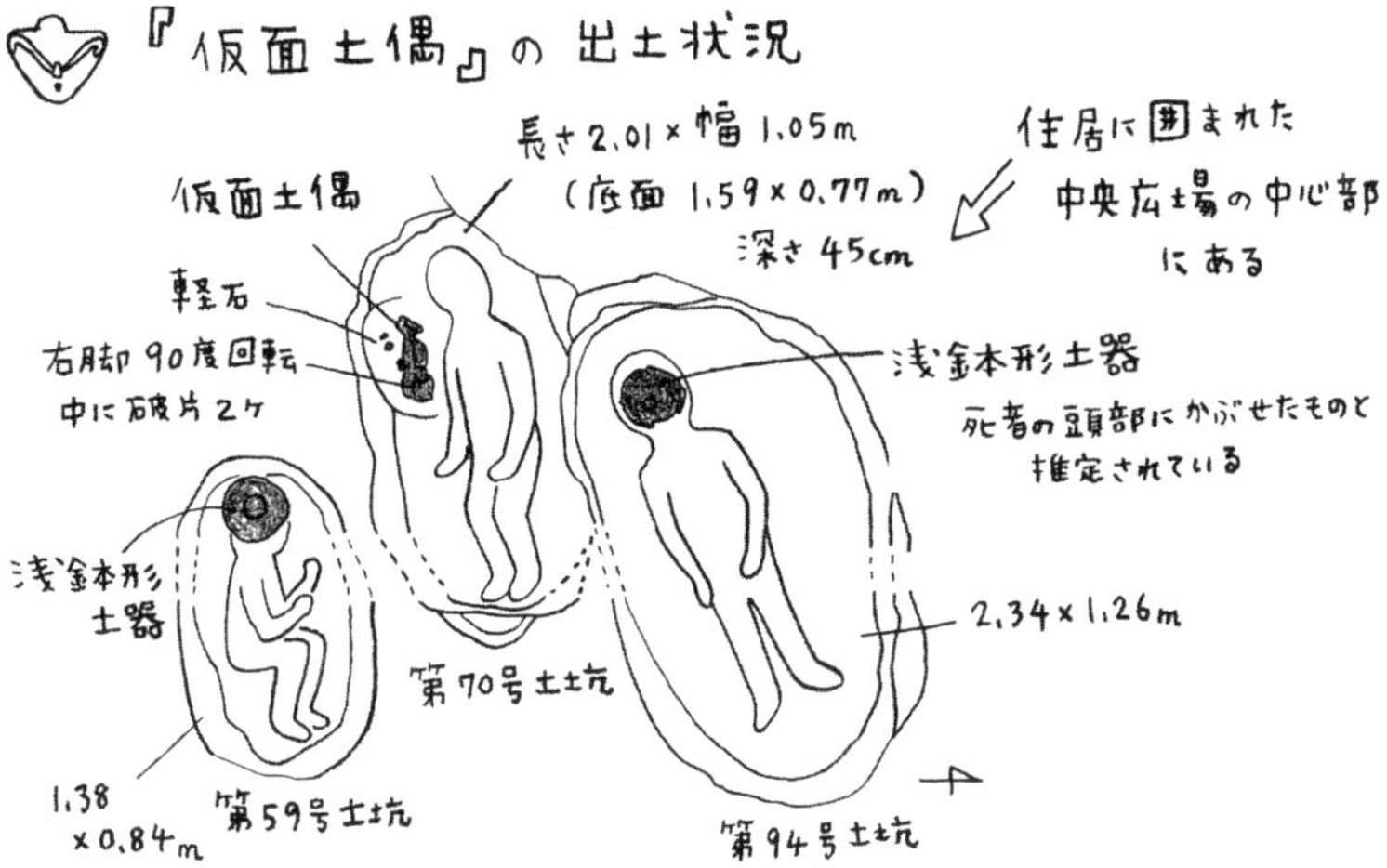

土偶出土状況を、茅野市教育委員会『中ッ原遺跡』をもとに描いた。人のシルエットはイメージだが、土坑の大きさから、後期以降見られる伸展葬も一つの可能性として採用した。また土偶が、人と一緒に埋められていたのかはいまだに不明である

由もない。また土偶を挟むようにして両側の坑からは直径三〇センチの浅鉢が、ひっくり返った状態で見つかった。これらは、被葬者の顔に被せるようにして埋められたと考えられている。

「墓と強い関連性を示す土偶の発掘は、全国初ではないか。土偶の性格を知る上で、一級品」であると、戸沢充則尖石縄文考古館名誉館長（一九三二―二〇一二）は語っている。[8] 発見された状況も本州ではきわめて珍しいが、それだけではない。

すでに紹介したように、通常、土偶は壊れて発見されることが多い。その中にあって右足以外はほぼ完全な形で見つかったこの大型土偶は特異な存在であった。

出土状況、茅野市尖石縄文考古館写真提供

〈仮面土偶〉新町泉水地籍出土、縄文後期
高さ20.0センチ
辰野美術館蔵・写真提供

〈仮面土偶〉後田遺跡出土、縄文後期
高さ21.5センチ
韮崎市教育委員会蔵・写真提供

つまりこれらの条件を併せ持つ土偶は他になく、発見と同時に、「国宝級」という形容詞がつけられたのには理由があったのである。

仮面の意味

ここで仮面の女神をじっくりと見てみよう。顔は逆三角形で、立体的に作られた眉の先についている丸い鼻。眉の脇には遠慮気味に施された目と口も見て取れる。後頭部にはキャッチャー・マスクを被ったような粘土の紐が編まれており、横から見ると、仮面を装着していることが分かる。身体には幾何学模様がびっしりと描かれ、たすき状に背面に続くデザインも非常に考えられているものだ。そして少し膨らんだ腹部とその下にはっきりと確認できる女性器の存在から、女性を象ったのは間違いない。

仮面状の顔をした土偶は主に縄文時代後期に見られる東日本特有のものである。他には、同時期のものとして、長野県辰野町《たつのまち》の新町泉水地籍、山梨県韮崎市《にらさきし》後田《うしろだ》遺跡から約二〇センチの大きさで、仮面の女神に非常によく似た土偶が見つかっている。

そして身体は空洞であり、放射線透過によって、頭部、首部、腕部、胴部、脚部が別々に作られた後、接合されていることも分かった。また中空であるため、焼き上げる時に内部の空気が膨張して破裂しないための工夫なのか、脚の下、股の間、首に、穴が開けられていることも分かっている。本当に縄文人たちの焼き物に対する知識は想像を超えている。どうしても焼き上げなければならなかった想いがそうさせるのであろうか。完成品の裏には、きっと膨大な失敗が潜んでいるのではないか、そんなことを思わずにはいられない。

ところで、なぜこの土偶は仮面を着けていたのだろうか。

この集落に限らず、縄文時代には儀礼を司るシャーマンが存在したとされ、人々の心の拠り所になっていたと考えられている。シャーマンは病気が治るように祈ることもあれば、子どもが無事に生まれることを祈ることもあっただろう。彼らの生業である狩猟、漁撈、採集がうまくいくように、自然の恵みが豊かであるように人々の願いを背負って祈りを続けたはずである。その際に使用した道具が土偶だと考えられているのだ。つまり、この土偶はシャーマンの相棒であり、場合によっては依り代にもなった可能性がある。そのためには、人ならざるものになる必要がある。つまり仮面は、人ならざるものの象徴として土偶に着けられたとは考えられないだろうか。

現在でもオセアニア、アフリカ、アジア地域で仮面を着けることで、人ならざるもの、時に精霊、時に悪霊となって人間界に影響を与える存在として、生身の人間が異界のものへと変化する祭りが行われている。それを縄文の人々が行っていたとしたら、土偶に装着された仮面は彼らの精神世界を表わすものであったと言っていいだろう。

その仮面を被った大型の土偶が墓から壊されることなく見つかったのだ。両脇に眠る人はシャーマン、もしくはこの土偶とともに暮らした人だったはずである。この土偶は代々この集落の守り神的存在として引き継がれていたのではないか、という話もあるが、そう思わせるほど、表面がよく磨き込まれており、大切にされていたのが伝わってくる。と同時に、鈍く光る姿は、人々の祈りを背負ってきた自負と、見る者を圧倒する威厳を滲《にじ》ませている。

さて、一般公開の翌日、仮面の女神は熱心なファン一〇〇人ほどが見守る中で掘り出された。作業は朝九時過ぎにスタートし、七時間半かけて慎重に取り出された。前出の守矢さんが竹串やスプーンを使って作業を進めたが、土を取り除いては状況を写真に収め、すべてを記録しながらの作業はいつも以上に時間がかかったに違いない。通常の発掘ではあまり例のないことではあるが、この時はビデオカメラも設置され、気を抜く瞬間など一秒もない中で、熱心に見守るファンに配慮して職員による発掘実況中継が行われたのである。「これから右足の取り出しに入ります」「今度は体のほうです」などと説明し、「今取り出しました」と大きな声を上げると、一斉に拍手が起こった[9]。こうして前代未聞といえる発掘実況中継の中、仮面の女神は全貌を現わした。

　その後、一四年の時を経て国宝となった仮面の女神。その仮面の下に潜む目に、四〇〇〇年ぶりの世界はどう映ったのだろうか。

1 「「仮面の女神」国宝に」「中日新聞」二〇一四年三月十九日付。

2 「縄文後期国内最大級の仮面土偶――完全な形で土中から」「茅野市ニュース」二〇〇〇年八月二十九日付。「「不思議な因縁」――第一発見者柳平年子さん」「長野日報」二〇一四年三月十九日付。

3 前掲「「不思議な因縁」――第一発見者柳平年子さん」。

4 「仮面土偶早く見たい――茅野・中ッ原遺跡きょう一般公開」「信濃毎日新聞」二〇〇〇年八月三十日付。

5 前掲「仮面土偶早く見たい――茅野・中ッ原遺跡きょう一般公開」。

6 「「きれいで感激」」「毎日新聞」二〇〇〇年八月三十一日付。

7 茅野市教育委員会『中ッ原遺跡』二〇〇三年三月。「国宝級の仮面土偶」「毎日新聞」二〇〇〇年八月二十九日付。本章に登場する出土の状況やデータ、地図は主にこの報告書によった。

8 「仮面土偶完全形で出土」「中日新聞」二〇〇〇年八月二十九日付。

9 「拍手沸き感激の対面」「長野日報」二〇〇〇年九月一日付。

7 なんてったって、イノシシ

――動物形土製品

縄文時代に作られた焼き物の中に、目にした人の心を確実に摑む遺物がある。[1] それは、動物の姿を象った土製品で、何をモチーフにしているのかがはっきり分かるものから、なんのこっちゃ、さっぱり分からないものまでさまざまである。さまざまではあるが、どれも縄文人の遊び心と自然への感謝の気持ち、そして畏敬の念が籠《こも》っているようで、見る者の心をあたためてくれるものが多い。

動物形土製品は、東日本、特に東北地方において、縄文後期から晩期にかけて作られている。見つかる土製品は、土偶に比べてはるかに少ないながら、バラエティに富む。哺乳類、鳥類、昆虫類、貝類、その他という分類がなされており、種類が特定できるものの中ではイノシシが一番多い。中にはクマかイノシシか判別がつかないものもあるが、クマ、サル、イヌの順に見つかっている。この種類を見ると、彼らの身近に存在した動物が土製品になっているようにも思えるが、一概にそうとも言い切れない。シカの土製品がほとんど存在しないからである。

縄文人の動物食料の筆頭はシカだったと言っていい。シカは一番身近な動物であった。食料としてはもちろんのこと、毛皮は竪穴住居の床に敷いて暖をとったり、冬場の防寒具になった。立派な角は、釣り針や銛《もり》などの骨角器や櫛《くし》やペンダントトップなどの装飾品に姿を変えた。つまり、彼らはシカの命を余すことなく活用していたのである。イノシシも重要な食料であったことに間違いはないが、どちらが欠かすことができない動物かと聞かれれば、断然シカだったと言っていい。それなのに、シカはほとんど土製品になっていない。これは、いったいなぜなのだろうか。

瓜坊、海を渡る

シカとイノシシ、両者には、動物としての生命力の強さに大きな違いがある。イノシシの

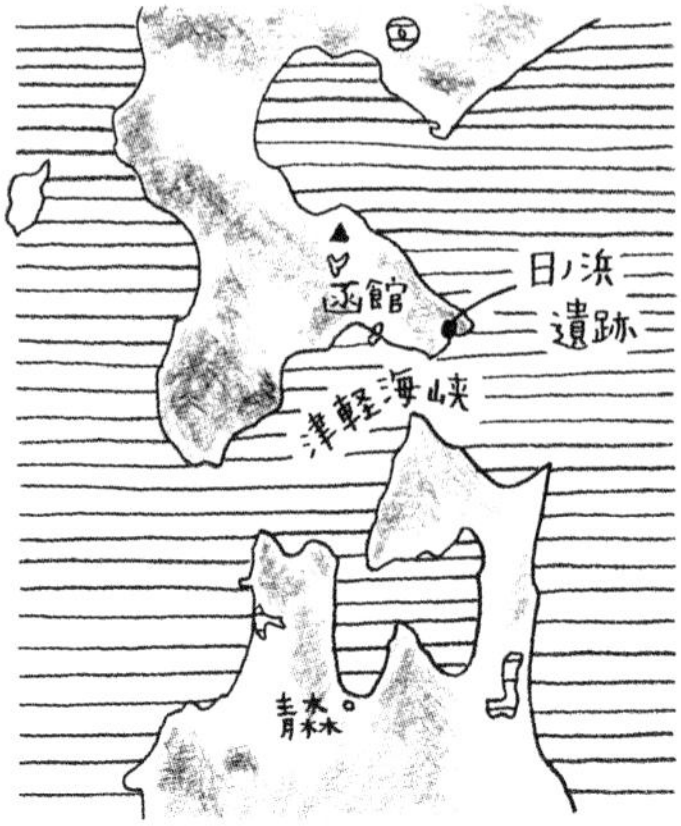

身体は頑丈で頭蓋骨は非常に硬い。岩手県貝鳥貝塚や千葉県武士遺跡では槍で殴打され、頭の骨が凹むぐらいの傷を負っても逃げ延びた後、傷が治癒したことが分かるイノシシの骨が見つかったことがある。それほどイノシシは強い生命力を持っている。性格は凶暴で、狩りの現場では気を許せば、狩る側に危険が及ぶこともあったはずだ。その上、一度の出産で五、六頭、多い場合には一〇頭以上の子どもを産む。つまり多産なのだが、縄文人にとって子どもが多いということは、何ものにも代えがたいほど羨ましかったはずである。人もイノシシも同じ動物だと考えた時、困難に見舞われても生き抜く力、そしてたくさんの子孫を残す繁殖力は、何よりも彼らが手に入れたいものだったに違いない。

その想いの表われなのか、北海道恵山町《えさんちょう》（現、函館市）日ノ浜遺跡では、イノシシの幼獣である瓜坊の土製品が見つかっている。とても愛らしく、お尻の穴まで彫込まれている。しかし、イノシシは北海道には生息しない動物なのだ。ということは、縄文人に連れられて津軽海峡を丸木舟で渡り、本州から北海道にイノシシが持ち込まれたことになる。そしてお守

〈動物形土製品〉日ノ浜遺跡出土
縄文晩期、高さ4.2センチ
市立函館博物館蔵・写真提供

りのような小さな土製品に姿を変えた。

北海道だけではない。同じようにイノシシが生息しない八丈島にも生きたイノシシが運ばれていったという。八丈島といえば、東京の海上二八七キロメートルの場所に位置し、今でもフェリーで片道一一時間もかかる。イノシシではさすがに大きすぎることを考えると、きっと幼獣の瓜坊を捕まえ、それを丸木舟に乗せ、二八七キロメートルもの大航海をしたのだろう。そうまでして、縄文人たちはイノシシが持つ生命力を、別の仲間に伝え、そしてあやかりたいと思ったのではないか。もちろん、八丈島でも状況によっては食料として活用されただろうが、基本的には島の動物で事足りたはずである。とすれば、違う理由から彼らは瓜坊とともに海を渡ったのではないか。

こんな例もある。宮城県田柄貝塚では、埋葬された二体のイノシシの幼獣が発見されている。これは、集落でイノシシを飼い、途中で死んだものをていねいに埋葬したものだと考えられている。そして埋葬されている以上、この幼獣は食料にならなかったということだ。食べられていたら、骨はバラバラにされているからである。

通常の狩りで仕留めたものであれば、食べられていただろう幼獣と、集落で飼ったことで食べられることなく埋葬された幼獣。この扱いの違いは何なのかと想像する。現代の感覚で考えればペットのように飼うことで情が移り食べなかったということになるが、もしかすると、このようにして集落で飼ったイノシシを、彼らは神聖視していたのかもしれない。それはもはや食料ではない。多産を祈願するための象徴として生きたイノシシの世話をし、その力が乗り移ったものとしてイノシシの土製品を作ったのではないか。

埋葬されたイヌの骨

イヌの土製品の中には、素朴だけれど、主人を守ろうとする気概が感じられるものがある。栃木県藤岡神社遺跡から見つかったイヌの土製品がそれである。首を少し上方に伸ばし、口が大きく開けられている。尻尾はぴょんと立ち、今まさにイノシシを吠《ほ》え立てているように思えるほど、生き生きとした土製品なのだ。

〈犬　動物形土製品〉藤岡神社遺跡出土、縄文後期、高さ7.6センチ
栃木市教育委員会蔵・写真提供

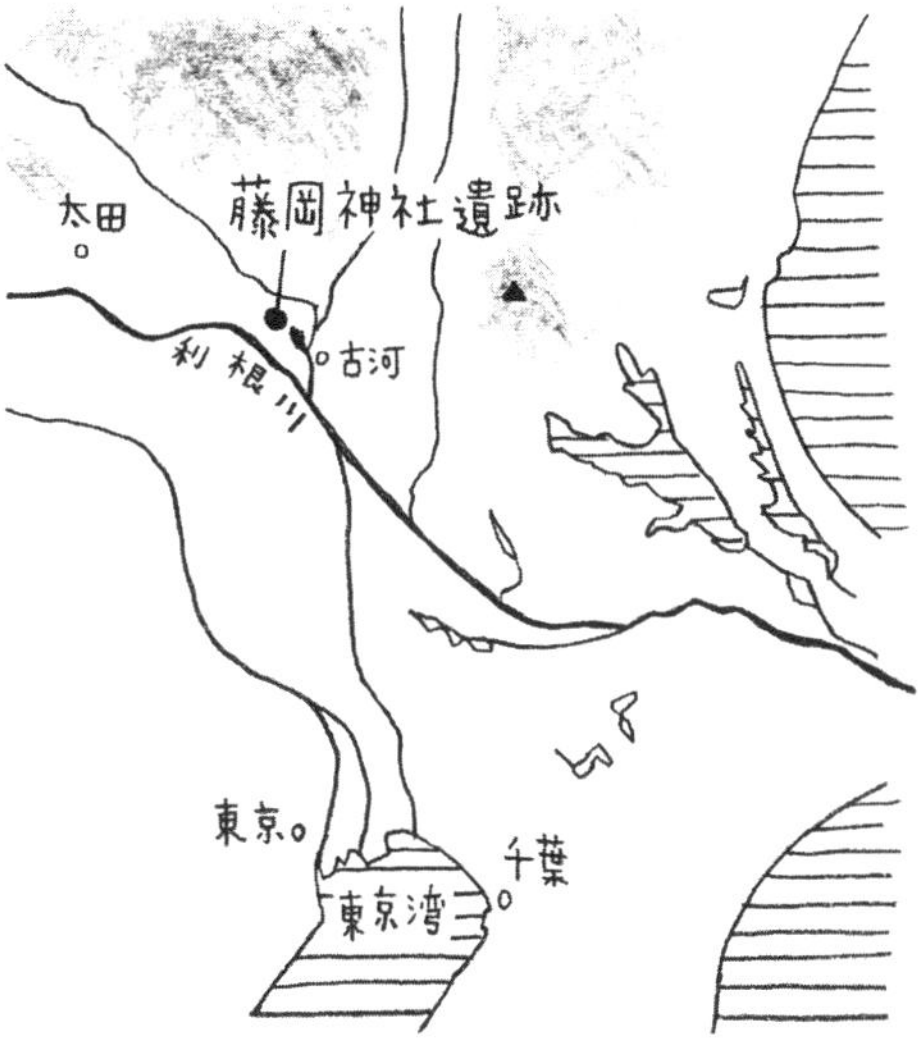

実はこの遺跡からはイノシシの土製品も出土しているが、イヌの方が大きく作られていた。作り手の、イヌに対する親愛の情のなせる技かもしれない。というのも、イヌと縄文人は、かけがえのない狩りのパートナーだったからである。凶暴で巨大なイノシシを追いつめるのもイヌの仕事であり、攻撃され、怒り狂ったイノシシから主人を守るのもイヌの仕事だった。だからだろうか、見つかるイヌの骨のほとんどに、傷痕があり、それが治った状態で埋葬されているという。つまり、縄文人は傷を負ったパートナーの面倒をみて、命が尽きる時まで一緒に暮らしていたと考えられる。イヌの土製品はそれほど多くはないが、縄文人とイヌの絆を伝えてくれるようで、とても微笑《ほほえ》ましい。

そして最後に、動物形土製品の「その他」に分類される一つをご紹介したい。宮城県沼津貝塚で見つかった土製品には、目鼻立ちがはっきりとした、四角い人の顔がついている。しかし、身体は獣なのだ。これはいったい何なのか。どこまでいっても想像の域を超えることはないが、動物の精霊を表わしているのではないか、と考えられている。たしかに、それが一番しっくりくる。どこをどう見ても現存する動物には見えない。

このように、縄文人たちは当時身の周りにいた動物だけでなく、想像上の動物の精霊さえも土製品にして、ともに暮らしていたのである。この不思議な土製品を見ていると、特定の動物だけでなく、自分たちを取り巻くすべての動物や精霊に支えられて生きていた縄文の

〈人の顔をした動物形土製品〉沼津貝塚出土、縄文後期、高さ 4.7 センチ
東北大学大学院文学研究科蔵・写真提供

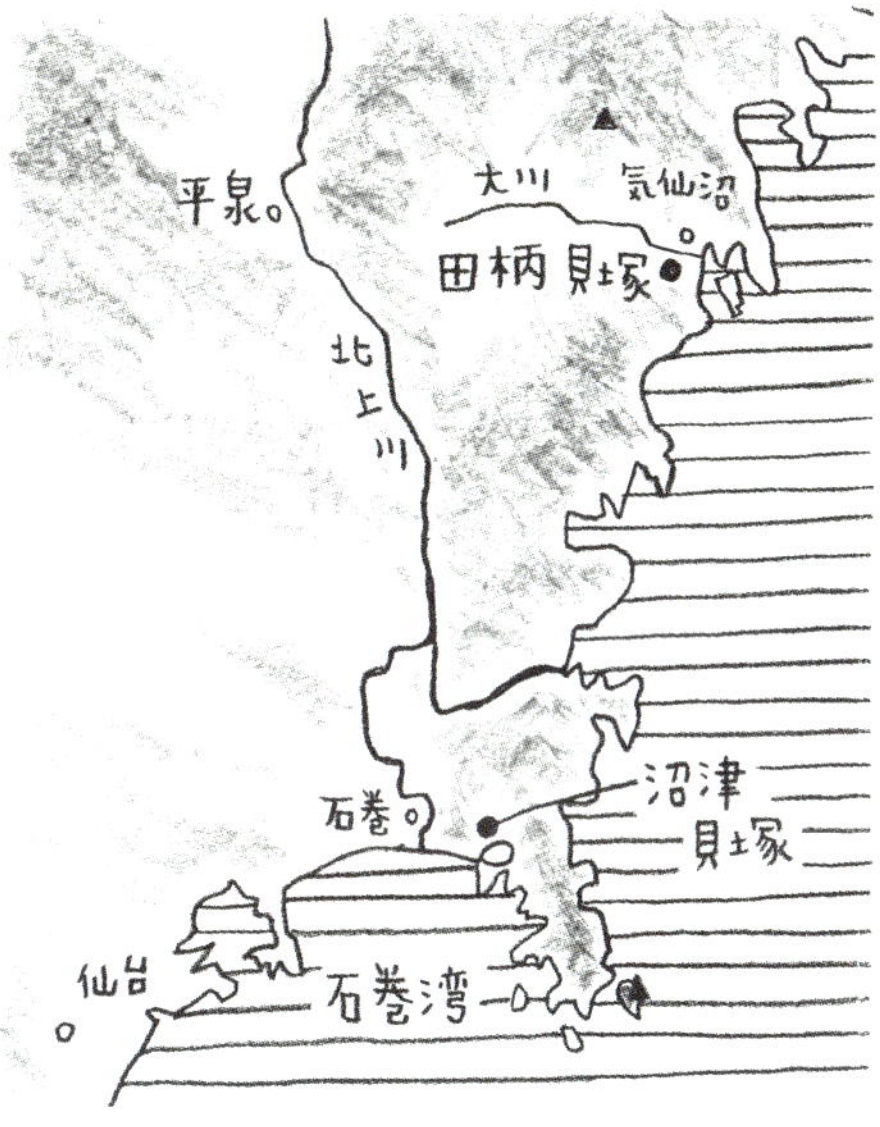

人々の心が伝わってくるようだ。人間も動物も変わらない自然の一部であると、彼らはみずからの存在を認識していたのだろう。そして、人間の顔をした動物形土製品を作り出したのではないかと思う。土偶とは性格は異なるだろう、しかし動物形土製品も縄文人の心情や暮らしを知る重要な遺物であることは間違いない。

1　本章は、主に以下の書籍を参考とした。小野美代子『土偶の知識』東京美術、一九八四年。藤沼邦彦『縄文の土偶』講談社、一九九七年。小宮孟『貝塚調査と動物考古学』同成社、二〇一五年。

8　修理を繰り返した縄文人

——合掌土偶

これは本当に縄文時代に作られたものなのか？　何度もそう思った土偶である。両手を合掌したように組み合わせたその土偶は「合掌土偶」と呼ばれている。「癒しの土偶」とも言われ、青森県八戸市の風張《かざはり》(I)遺跡から見つかった。

風張(I)遺跡は、市の中心部から南東約四・三キロ行った地点にあり、新井田《にいだ》川右岸の河岸段丘の上にあり、ナガイモの作付けに伴って発見された。遺跡の総面積が約七万五〇〇〇平方メートル。合掌土偶が作られた縄文後期以外に、縄文中期、弥生、奈良、平安と人々が暮らした竪穴住居跡が数多く見つかり、規模の大きな複合遺跡と判明している[1]。

発掘作業に携わった人たちが口を揃えて、「風張遺跡は生活感にあふれる不思議な遺跡だ

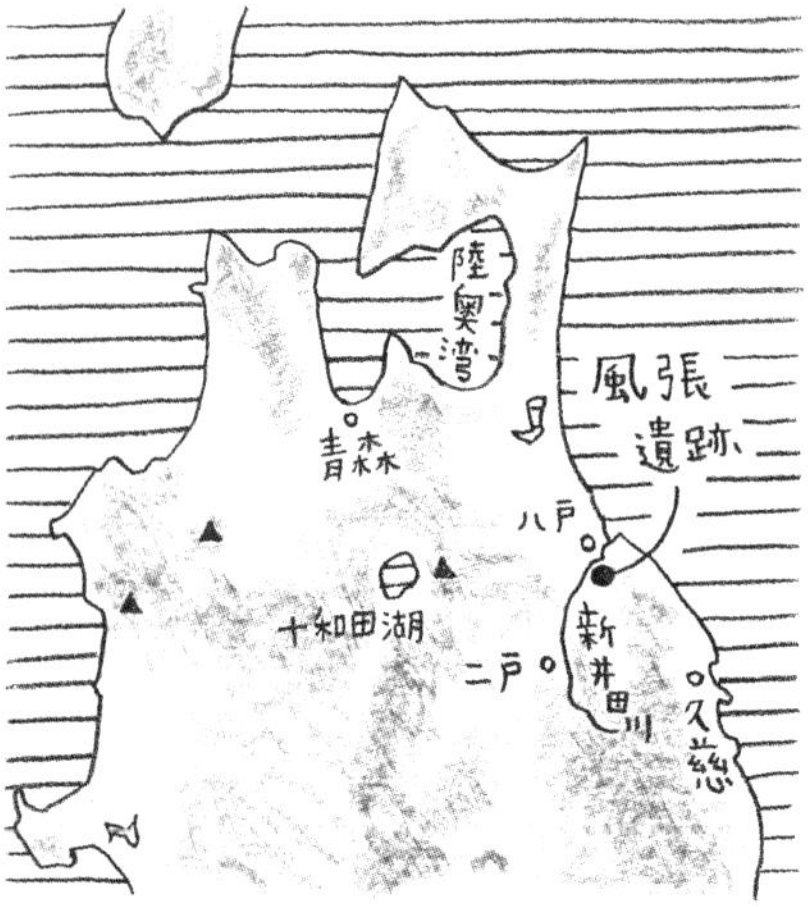

陸奥湾
風張遺跡
青森
八戸
十和田湖
新井田川
二戸
久慈

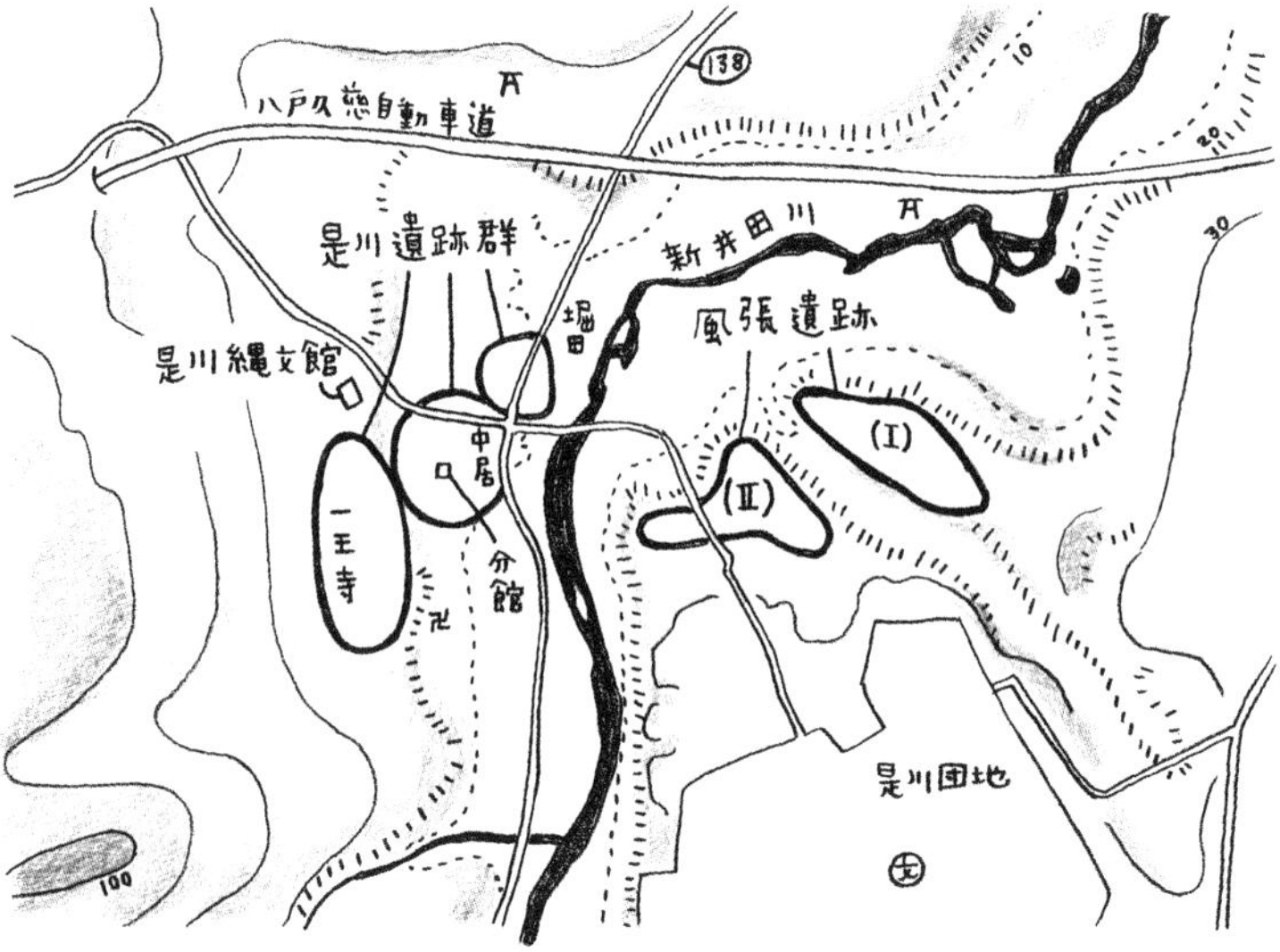

138
八戸久慈自動車道
10
20
30
是川遺跡群
新井田川
堀田
風張遺跡
是川縄文館
中居
(I)
(II)
一王寺
分館
是川団地
100

った。住んでいた人の息づかいが聞こえてきそうだった」と語ったほど[2]、この遺跡からは縄文時代に使われていた遺物が大量に見つかっている。土器や石器はもちろんのこと、スタンプ形をした土製品や〇・六センチから三・三センチのヒスイの玉が二八三点発見されている。遺跡に暮らした人々の生活をイメージしやすいものも多く、土偶も全部で七〇点見つかっているが[3]、その中でもひときわ目を引くのが、合掌土偶である。

一九八九年（平成元年）七月、発掘作業をしていた山内良子さんの移植ごてが何かに当たった。「また土器かな」、そう思いながら静かに土を取り除くと、立体的な脚、合掌をした手、そして顔が見えたという。これはただ事ではないと急いで学芸員を呼び、作業を交代した。他の作業員も周りに集まり、見たこともない土偶の出現に騒然となったという。出土した際には左足は失われていたため、作業員は周辺を慎重に掘り進めた。「左足、あった!」林崎恵子さんが土偶から二・五メートル離れた

〈土偶　合掌土偶〉風張(1)遺跡出土
縄文後期、高さ 19.8 センチ
八戸市蔵、八戸市埋蔵文化財センター
是川縄文館写真提供　国宝

場所で、左足を掘り当てた。[4]

その姿はというと、高さは一九・八センチ。両手をがっしりと組み合わせ、三角座りのように膝を立てて座っていた。その脚の様子から屈折土偶とも蹲踞《そんきょ》（うずくまること）土偶とも言われる、主に東北地方で作られたスタイルであり、「合掌土偶」とは手の具合から付けられた愛称である。

横から見ると、仮面を着けているようにも感じられる、少し上向きの顔。そこには、今にも何か呟きだしそうな、ぼてっとしてうっすら開いた唇、T字状に繋がった立体的な眉と鼻が作られていた。この顔は縄文後期に東北、そして北関東で作られた山形土偶（152ページ）の影響を受けている。顔には赤く塗られた痕があり、作られた当時は全身が真っ赤だったのではないかと考えられる。股は開き、その間からはっきりと見える女性器が、この土偶が女性を象っていることを示していた。その上、肛門まで作られているという。

土偶は割れた状態で発見されたが、組み合わせることで完全な姿になった。その後の調査では、その四つの断面に天然のアスファルトが塗られた痕跡も見つかっている。つまり、当時の人が何らかの事情で割れてしまった合掌土偶を補修した証が残っていたのだ。修理しながらも、そばに置いておきたかった土偶の存在とはいかなるものだったのだろうか。

人々を見守る土偶

土偶がバラバラになって見つかることが多いことはすでに紹介した。この本では、壊されずに見つかっている土偶を多く取り上げているが、実は、これはどちらかといえば、例外的な存在である。願いを込めて作り、壊すことに意味があったと考える説が一般的だろう。だとするなら、アスファルトでわざわざ修復しているという事実はこの土偶が特別な存在であったことを意味するのではないか。

使われた補修材料からもそれが言える。天然の接着剤としてアスファルトや漆が、縄文の時代から多くの遺物に使われているが、これは、どこの地域でも日常的に手に入るものではなかった。アスファルトは秋田や新潟などの限られた地域で産出している。しかし、産出地でない場所の遺跡からも出土しており、広い範囲に流通していたという。運搬には土器や貝、時には植物の葉に包んでいたことも分かっており、時期は異なるが、八戸市中居林遺跡では、アサリの貝殻の痕がついたアスファルトの塊が見つかっている[5]。遺物から、どのような容器を使って運ばれているかは明らかになっているが、その道行きはどのようなものだったのだろうか。液体のままではいくら土器に入れていてもこぼれてしまう心配があって運びにくい。

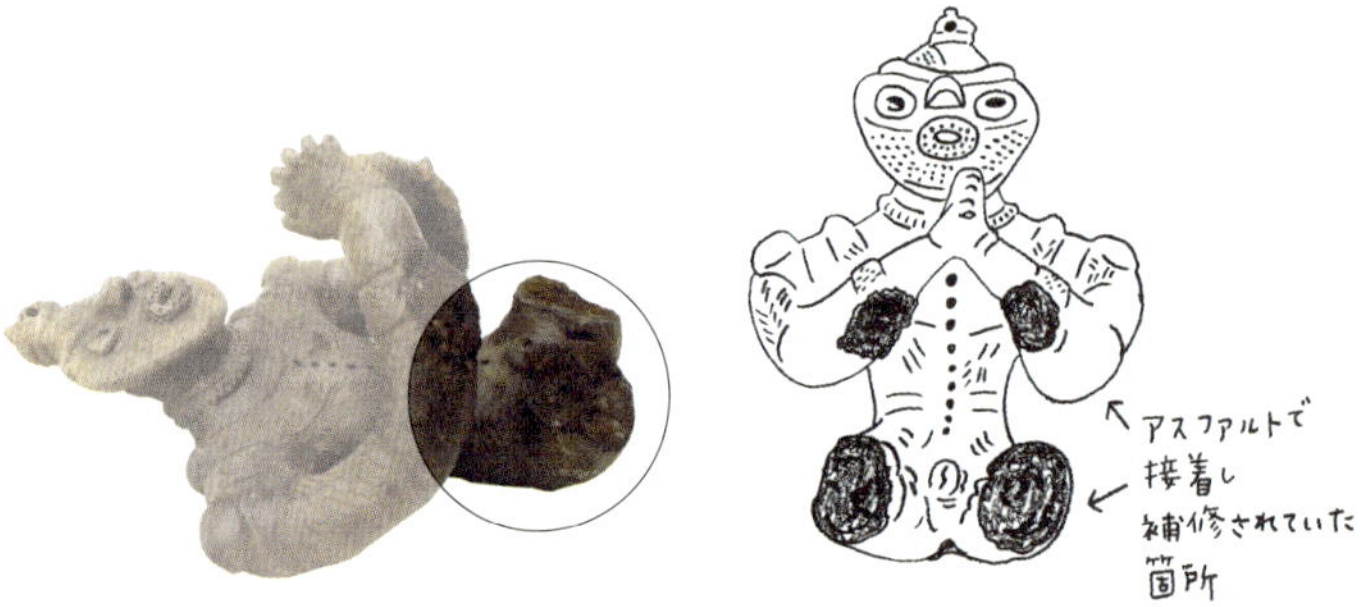

アスファルトが付着している様子。八戸市埋蔵文化財センター是川縄文館写真提供

運びやすいように粘性を上げるなど何らかの加工を施し、時には中継しながら縄文人はアスファルトを最終目的地へと運んだのではないかと私は想像する。このような工程を経て風張(I)遺跡に辿り着いたアスファルトが、貴重品だったことは間違いがない。その材料を使って土偶は補修されていたのである。

そしてこの土偶が特別だったことは、出土の状況も物語っている。釈迦堂遺跡や西ノ前遺跡でも、土器捨て場のような場所があったことを紹介したが、通常、土偶は住居跡以外から見つかることがほとんどである。だが、この土偶は住居跡の一番奥まった場所の壁際から見つかった。

「あたかも高い棚の上から落下したような状態で発見されたと発掘担当者が証言した」と、藤沼邦彦氏は寄稿している。[6] 是川縄文館では実際にそのように復元した様子を見せており、当時の人々が祭壇を作り、そこに合掌土偶を置いていた可能性が読み取れる。修理してでもそばに置いておきたかった縄文人世帯の姿が少しずつ浮き上がってきた。

次に、もう一度造形に目を向けてみたい。手を組み合っている姿から、合掌土偶と呼ばれる一方で、開いた脚の状況から、座ってお産をする座産の様子を表わしているのではないかとも言われている。いきむために紐を摑んでいる様子が、握り合った手で表現されているのだとする説もある。

なるほど、仏教が伝来したことで、私たちは手を合わせる行為を「合掌」と捉え、祈りを捧げる表現だと解釈する。だが、これは現代を生きる私たちの視点で土偶を語っているに過ぎないだろう。いきむために紐を摑んでいるかどうかは別にしても、手を合わせているからと言って、それが合掌や礼拝を表現したかったのかどうかは実は分からない。私たちは出てきた遺物を現代の目を通してしか見ることができないからだ。

しかし、縄文の人々がさまざまな願いを託したのが土偶という存在であったとするならば、そしてもしも修理を繰り返しながら、祭壇のような場所に置かれていたならば、その家で暮らした人々にとっては、この土偶がかけがえのないものであっただろうことに疑いを挟む余地はない。祈りを込めて合掌している姿なのか、はたまた出産している姿なのか、その真相は分からなくても、である。

合掌土偶が発掘された当時、この遺跡を訪れた江坂輝弥（一九一九―二〇一五、慶應義塾大学名誉教授）は「住居内に「祈りの場」を設け、土偶を偶像として、拝む精神文化が当時存在していた」と語り、「原始宗教研究の極めて貴重な資料[7]」であるとしている。祈りの場を室内に設けていた可能性から考えられるのは、それは家の守り神のように毎日土偶を拝み、おおらかに暮らしを見守ってくれる存在だったのではないかということであろう。特別な場所に置いて土偶を拝み、大いなる気配、つまり万物に宿る霊魂に対して祈ったのではないか。

　また当時は合掌土偶の全身が赤く塗られていたことを考えるならば、その家の住人はこの土偶を生命の象徴と見立てたのかもしれない。だから股を開き、今にも命を生み出さんとする造形にした。実際には、出産の際にはその特別な場所から動かされていたかもしれない。母となる女性のそばに置き、出産が無事に行われるように。心の拠り所とできるように。あるいは時にはこの土偶を家に置くことで、子宝に恵まれるように願かけをしていたのかもしれない。子どもを作るということは、集団を維持していくために一番重要なことだった。だから、その願いをこの土偶に託した。

　もちろん真相は分からない。だが、一方的に祈りを捧げて恩恵に与《あずか》りたいと願うような遠い関係ではなく、家族のようにともに暮らす中で、土偶に気持ちを寄せ、その存在があるだけで世帯の皆が安心感を抱いていたように思えてならない。「あたかも高いところ」に飾られていたかのように出土した状況から見えてくるのは、儀礼に使われる土偶の姿とは違う、人々を見守る合掌土偶の姿である。

「発掘調査により出土の状況が明らかで、学術的価値は極めて高」く、アスファルトでの修復・全身の赤色塗装・合掌形・全体すべてが残っているなどの特徴が「縄文時代の習俗を考える上で極めて高い価値がある」と評価された合掌土偶は、二〇〇九年七月十日、土偶では三番目の国宝に指定されている。

1 「是川遺跡以前の大規模集落か」「デーリー東北」一九八九年九月九日付。
2 「20年前発掘 女性7人――感動、今も鮮明に」「東奥日報」二〇〇九年三月二十日付。
3 八戸市教育委員会『風張(I)遺跡5 第1分冊』二〇〇三年。本章に登場する出土の状況やデータ、地図は主にこの報告書によった。
4 前掲「20年前発掘 女性7人――感動、今も鮮明に」。
5 是川縄文館学芸員小久保拓也氏にご教示いただいた。現在、採集・精製・運搬・利用・廃棄といったライフヒストリーの視点からアスファルト利用の総合的な研究が進められている。
6 「座像形で唯一の完成品」「デーリー東北」二〇〇九年三月二十日付。
7 江坂輝弥『日本の土偶』六興出版、一九九〇年。

9　村人に愛されたストレッチ土偶

――屈折像土偶

それは、一九五二年（昭和二十七年）十二月十三日の冬の日、桃畑に排水溝を設置する作業中の出来事だった。どうにも桃畑の水はけが悪く、これではダメだと小原元七さんと恒七さん兄弟が排水溝を作るために掘削作業をしていたところ、排水用の二番目の溝、地下六〇センチの深さのところで炉石八個、縄文土器片が五個、石屑四個が発見された。元七さんが二十六歳、恒七さんが二十四歳の時のことである。[1]

特に気に留めることもなく七メートルほど作業を進めると、卵形石一個、平石二個、土器破片百十数個が次々と鍬先《くわさき》に当たった。それでも続行したが、今度は炉石一七個や土器片二四個が見つかる。「あんまりたくさん出てくるので気味悪くなったので知らせた」と、兄弟

〈土偶〉上岡遺跡出土、縄文後期
高さ 21.5 センチ
福島市教育委員会蔵・写真提供
まるで腕をストレッチしているように見える

はこの発見を報じる「福島民友」に当時の様子を語っている。

この知らせを受けた父親の伊七さんは村の中学校教諭、鈴木善兵衛さん、民間考古学者、坪池忠夫さんに連絡をとった。翌十四日はすべての作業が中断され、両氏による現地確認が行われている。この現地確認でどのような話になったのかは記録に残っていないため定かではない。だが、土地の所有者である小原さんの希望、そして村の有志の勧めから発掘調査が行われることになった経緯を考えると、この出来事にみんなが沸き立ったのは想像に難くない。さかのぼること、六〇年前の話である。今のように考古学という学問が周知された時代ではない。突如、畑の中からボコボコと理由《わけ》の分からない遺物が出てきたら、驚くのも無理はなく、興味を引かれるのも当然だと言える。

十五日には福島県社会教育課、梅宮茂さんに調査依頼を行い、発掘調査に向けて本格的に動き出している。ところが、である。小原家での排水溝設置作業はいったんすべてが中断したかと思いきや、坪地さんの立ち会いのもと粛々と進められており、その過程で土偶が出土した。


第八の堅穴からはアグラをかいた婦人が子供に乳をやっている信仰《(ママ)》に使用されたとみられる全国でも珍らしい雌性成人土偶、幼児土偶の破片などほとんど原形に近い形で発掘された

と「福島民友」は伝えている。そして記事には「二千年前の子育て土偶――東湯野で」の文字が見出しを飾った。

この土偶が現在、国重要文化財に指定されている上岡遺跡の屈折《くっせつ》像土偶である。しかし当時は正式な学名がなく、「子育て土偶」として世間に登場した。それも新聞によると、「子供に乳をやっている信仰に使用されたとみられる」とある。

この記述は非常に興味深い。この土偶は横向きで黒い土の中から頭、手、胴部、左足がまとまって見つかっており、周辺を探しても右足、そして腰は見つからなかったとされる。つ

まり、この新聞記事が出された時には土偶はバラバラの状態だったということだ。その状態から子育て土偶と命名されたのは、発見時の造形がそう思わせたということに他ならない。土偶は、胸や腕に関してはバラバラの状態になってはおらず、けっして分かりやすくはないが、豊かな乳房があった。そして身体を丸め、腕を交差させる姿に、人々は存在しない子どもの姿を腕の中に見たのではないか。それは村の母親が農作業の合間に子どもに乳をやる姿と重なったのだろう。

さて話を戻すが、今でも桃畑が広がるこの遺跡は縄文時代後期から晩期のものだと考えられており、この土偶は三五〇〇年前のものとされる。このように年代が特定されたのはその後の調査のことであり、当時はまだそこまで調査が進んでいなかったため、先の新聞記事では「二千年前」となった。村人は二〇〇〇年も前に同じ場所に暮らした人々がいて、それも子どもに乳をやる姿が残されていたことにさぞかし驚いたであろう。

驚いたといえば、前出の新聞記事の記述である。「付近一帯は先住民族が住んでいた事が証明された。〔略〕この地点は東西に断層線が走つ《（ママ）》ているため付近一帯は清水が群落をなしており原住民族の棲息地として最適の條《（ママ）》件をそなえている」とある。

当時はまだ縄文時代という時代区分は浸透していなかったのか、前出の梅宮さんは「石器時代最後の縄文式文化時代」とこの遺跡のことを記者に語っている。言葉の端々から想像も

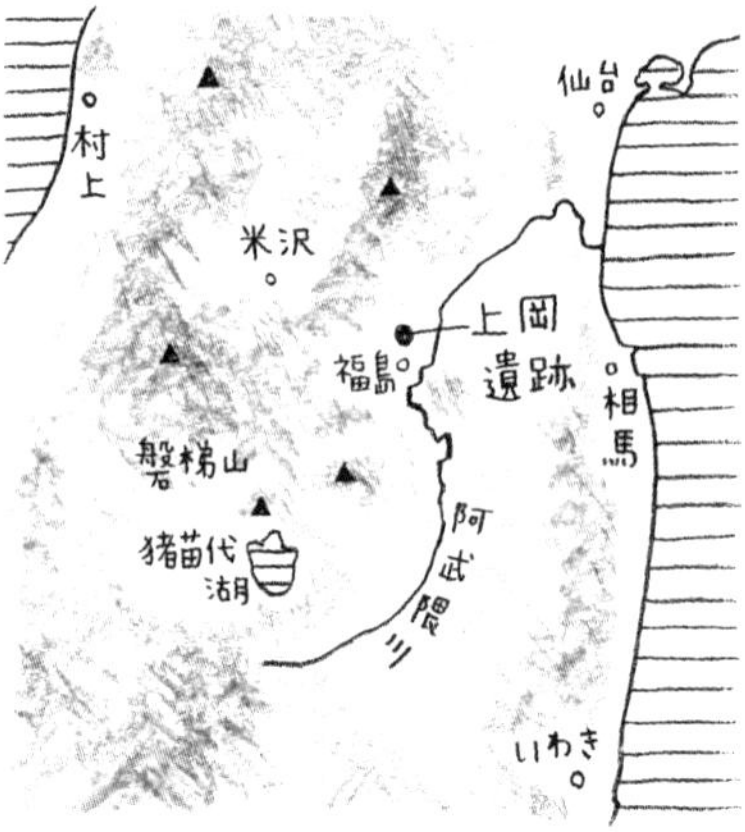

仙台
村上
米沢
上岡遺跡
福島
相馬
磐梯山
猪苗代湖
阿武隈川
いわき

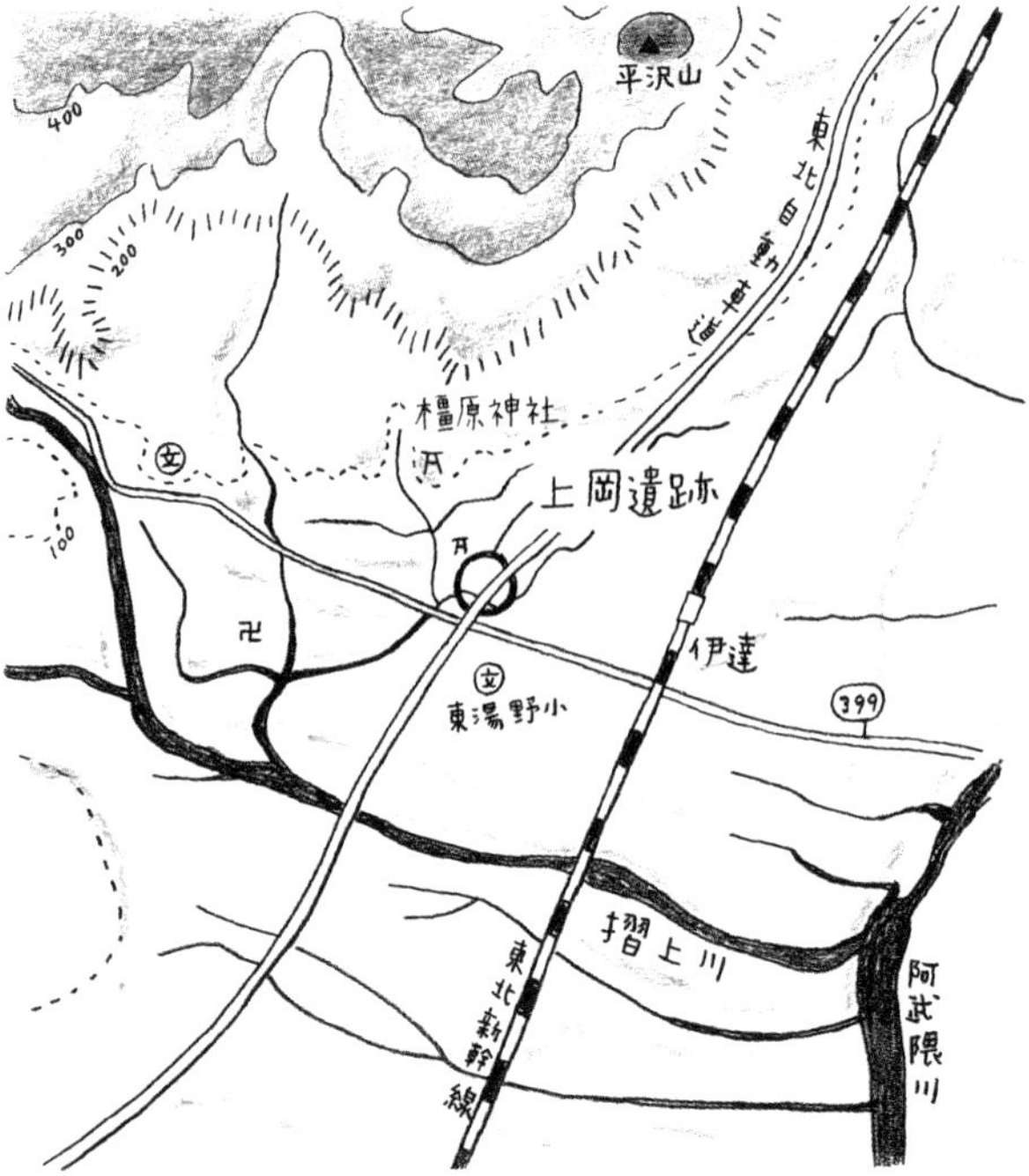

平沢山
400
300
200
100
東北自動車道
榧原神社
上岡遺跡
伊達
399
東湯野小
摺上川
東北新幹線
阿武隈川

つかない遠い時代に暮らした人々というニュアンスも感じ取れる。子育てをする姿はますます驚異だったに違いない。

村の宝

調査は十二月十八日から三十日にかけて東湯野《ひがしゆの》村教育委員会を調査主体として行われた。梅宮さんの他、秋山政一さん、目黒吉明さん、成田克俊さん、鈴木善兵衛さん、坪池忠夫さん、木村隆平さん、小原元七さん、小原恒七さん、そして信夫高等学校（現、福島県立福島北高等学校）および東湯野中学校生徒が参加したという。その後、一九八一年（昭和五十六年）の再調査を経て、竪穴住居、土坑、木組遺構などが確認され、縄文時代後期から晩期の集落の存在が明らかとなった。

実はこの時代は、大学の考古学研究室が主体となった発掘調査がほとんどで、このように市町村で学術的な発掘調査を行うことは多くなかった。昭和二十七年といえば文化財の保存・活用と国民の文化的向上を目的にする文化財保護法ができて二年しか経過していない。つまり人々の意識の中に文化財という言葉が浸透していたのかも疑わしい時代であり、乱暴に言えば「先住民」が作ったものを保護するよりも、自分の今の生活を必死に生きていくことが優先される時代だったはずである。誰もが、過去のことよりも未来の富に目を向けた時代と言ってもいい。そんな時代に、東湯野村の人々は、大人も子どもも一緒になって発掘調査を行った。

当時の発掘の様子を伝える写真が新聞に掲載されている。そこにはシャベルを持ち発掘する大人を幾重にも取り囲んで見つめる子どもたちの姿がある。立ち入り禁止のロープが張られているにもかかわらず、身を乗り出すようにして見守る子どもたち。その視線の先に何を見たのか。そこにあるのは何だったのだろうか。同じ土地に暮らした先住民に対する単なる好奇心？　だとしても、その両者を繫ぐ役目を、あの子育て土偶が果たしていた。

子育ては、どんな時代、またどんな民族でも関係なく行われる。そこに介在する愛情は人類共通だと誰もが認めるところだろう。子育て土偶もまたその事実を村人に示し、土偶に心を寄せた彼らがさまざまな事情を乗り越えて発掘したとするならば、この遺跡、そしてこの土偶は村人を先導し、その村人によって土偶は守られ育まれたと言ってよいのかもしれない。

今では発掘調査は行政主体になった。近所で調査が行われていても関心を示す人はあまり多くはない。もっと興味を引くことが日常に溢れているから、気に留める人も少ないのだろう。であれば、この土偶は昭和二十七年という時代に発見されてよかったと言えるのかもし

昭和 27 年 12 月 18 日付の「福島民友」の写真をもとに、当時の発掘風景を描いた図

〈土偶〉横から
福島市教育委員会写真提供

れない。村人が発掘し、はるか昔、同じように子どもを育てながら生きていた人たちがいたのだとみずからの手で発見したことは、その地で日々を重ねる上で、心の拠り所になったのではないだろうか。三五〇〇年も前から、暮らしに適したよい場所だったのだと驚き、地元を誇りに思えたのではないかと想像するのだ。

そして村の宝だと想いを寄せられる土偶は、何より幸せだと思う。

こうして村の宝となった子育て土偶は、学名「屈折像土偶」となり[2]、二〇一一年（平成二十三年）六月に国重要文化財となった。両膝を立てて背中を丸めた様子は蹲踞の姿勢だと考えられ、両手は交差し、左手を頬に当てるポーズは祈りを捧げる様子を伝えているようだとも言われる。そして豊満な乳房と膨らんだ下腹部の表現から座産を表現したとも考えられている。

頭には三角形の被《かぶ》りもの、もしくは髪を結った表現が施され、眉、目、鼻、口は粘土を紐状にして立体的に作られていて、どこか微笑ましい。また発見当時は顔に赤く彩色された形跡が見られたという。

1 「二千年前の子育て土偶――東湯野で」「福島民友」昭和二十七年十二月十八日付。

2 「子育て土偶」と名付けられたこの土偶は、その後、以下のように変遷した（じょーもぴあ宮畑の堀江格氏のご教示による）。「雌性坐像土偶」（『上岡遺跡報告書』一九五三年）、「坐せる土偶」（『世界考古体系1』平凡社、一九五九年）、「蹲踞式の土偶」（『福島市史6』福島市、一九六九年）、「腕を組み半した土偶」（『福島市史1』一九七〇年）、「うずくまる土偶」（『原色日本の美術1』小学館、一九七〇年。『日本の歴史1』集英社、一九七四年）、「腕を曲げ両膝を立てた土偶」（『古代史発掘3』講談社、一九七四年）、「腕を組み膝を立てた土偶」（『日本陶磁全集3』中央公論社、一九七七年）、「ポーズをとる土偶」（『原始日本の再発見1』学研、一九七七年）、「腕を組む土偶（立像形座像）」（『日本原始美術大系3』講談社、一九七七年）、「坐る土偶」（『図説福島市史』福島市、一九七八年）、「ほおづえをついた土偶」（『図説日本文化の歴史』小学館、一九七九年）、「座する土偶」（『上岡遺跡発掘調査概報』福島市、一九八二年）、「腕を組み立膝で座る土偶」（『古代史復元3』講談社、一九八八年）、「蹲踞姿勢の土偶」（『縄文時代研究事典』東京堂出版、一九九四年）、「しゃがむ土偶」（『国宝土偶展』文化庁、二〇〇九年）。

10　ジャガイモ畑からこんにちは

——中空土偶、茅空

「オラがマチで出たもんだから、マチで保存するのが当然だ」

こんな住民の声に支えられて、端正な顔立ちの中空土偶、茅空（111ページ）は今も北海道函館市に暮らしている。

中空土偶が発見されたのは、まさに偶然の賜物《たまもの》だったと言っていい。一九七五年（昭和五十年）八月二十四日、漁師町の南茅部《みなみかやべ》町（現、函館市）に暮らす小板アエさんが家庭菜園の畑からジャガイモを掘り出している時だった。鍬を振り下ろした瞬間、

「カン！」

という音がして、鍬が跳ね返された。何に当たったのかと土を掘り返してみると、地中から

頭の形をした焼き物がひょっこりと現われたという。

「とにかくビックリした。怖かった」

と発見当時の様子を思い出しながら語るアエさんの話を、後に「読売新聞」はこのように紹介した[2]。

中空土偶の顔はそこそこの大きさがある。ジャガイモを掘るつもりでいたアエさんからしたら、何ごとかと驚いたことだろう。彼女は頭を抱えひとまず自宅に帰ったが、他にも何か出てくるかもしれないと再び菜園に戻り、地中を掘り返してみると、今度は割れた胴体が見つかった。

「子どもたちがおもちゃを埋めたのかな」

そう思うものの、顔を自宅に飾っておくのも気味が悪く、どうしようか、お寺に預けようかと思案していると、当時中学一年生だった長女がこう言った。

「かあさん、私これ学校で習ってるよ。埴輪《はにわ》だよ」

発見当初の中空土偶の様子。函館市教育委員会写真提供

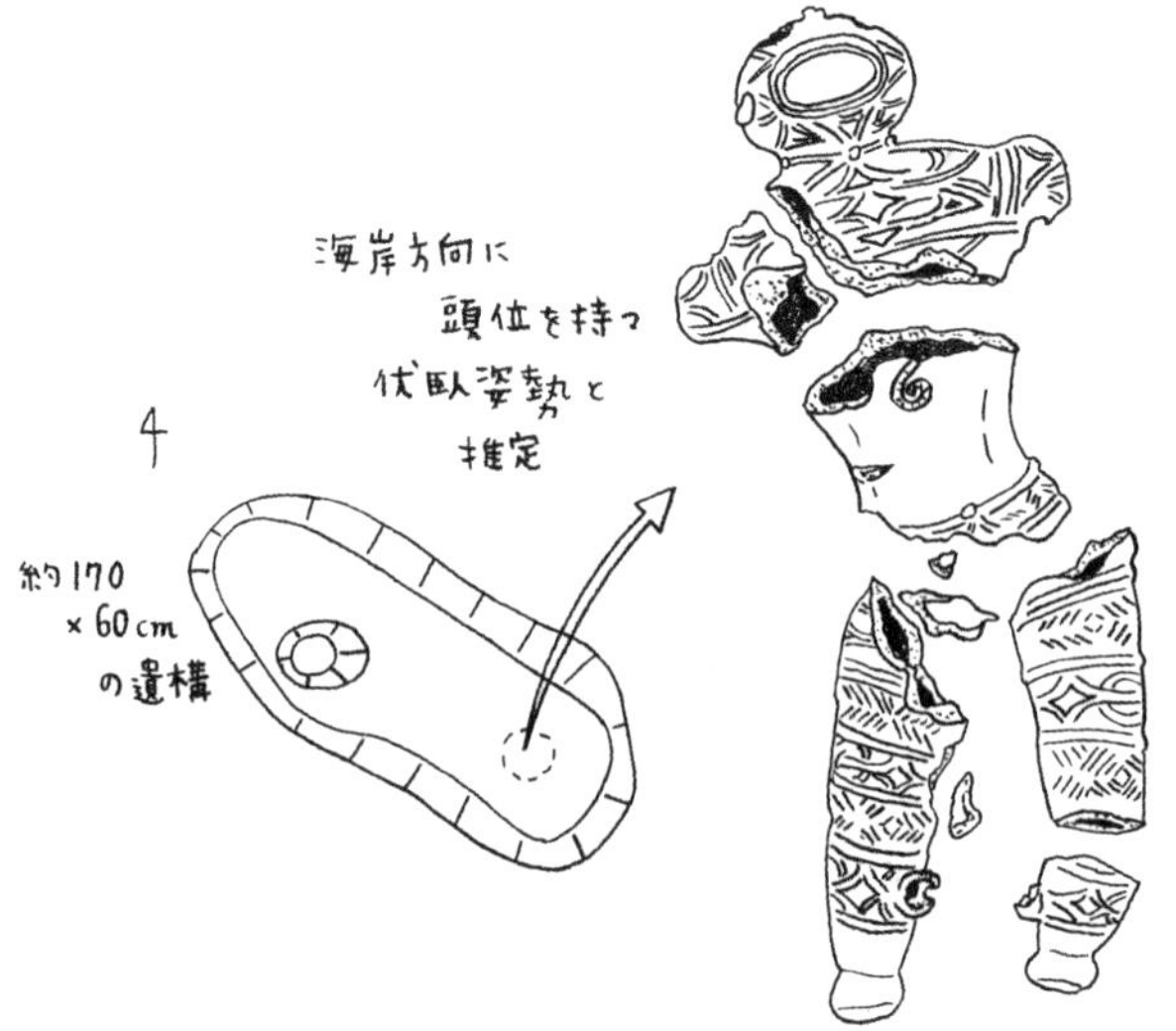

土偶出土状況。南茅部町教育委員会『北海道著保内野遺跡の中空土偶』を参照した。この冊子には、「小板松男・アエ御夫妻には、限りない土偶への愛着と、南茅部町の文化財保護施策へ深いご理解をいただき、昭和 52 年 12 月 14 日、町での一括保存が決定致しました。その結果この小冊子の誕生を見ることができ」たとある

この長女の話を聞いて安心したアエさんは、六つに割れていた土偶を町の教育委員会に持ち込んだのである。

当時、担当だった学芸員、小笠原忠久さんの、

「泥だらけで持ち込まれたので、土偶だと思わなかった」

という言葉が示すとおり、何の期待もしていなかったのだろう。小笠原さんは持ち込まれた破片を自宅の風呂場で洗ったというのである[3]。今なら到底考えられないが、当時はこういうことも例外的にあったらしい。洗ってはじめて、持ち込まれたものが土偶であることが判明し、早速復元されることになった。

赤色の意味

この土偶は、高さ四一・五センチ、肩幅二〇・二センチ、身体が空洞になっている中空土偶の中では国内最大の大きさを誇る。今から三五〇〇年前、縄文時代後期に作られたとされており、顔には赤や黒の顔料で塗られた跡があり、作られた当時は赤漆で塗られていたのかもしれない。頭の一部と両腕は失われているが、その断面は古く、調査の結果、埋められる

発掘調査の様子。函館市教育委員会写真提供

前に別の場所で壊されていたことも分かっている。

また周辺では、この発見をきっかけに発掘調査が行われた。直径六メートルの円環状に石が並べられた環状配石遺構（ストーンサークル）と土坑墓群が確認され、集団墓であることが判明した。こうして、中空土偶は集団墓の一角に、被葬者とともに埋められていたのではないかと考えられたのである。

「北海道新聞」は、その後、北海道教育委員会（当時）の長沼孝さんの言葉をこう伝えた[4]。

縄文時代を代表する遺物である土偶は、道内でも約四百個が出土しており、多くが墓で見つかっているのが特徴だ。カリンバ遺跡（恵庭《えにわ》）の集団墓で漆塗り装身具が多数出土するなど、死者を手厚く葬る「厚葬」が多い。中空土偶も共同墓地を構成する墓で見つかっており、遺体とともに埋納されたと考えられる。埋葬された死者は生前、土偶を所有していたかその家族、または同じ地域に住んでいたなど土偶と生死を共にする身近な存在だったのだろう。

さて、ここで気になることがある。長沼さんが語った「北海道の土偶の多くが墓で見つかる」ことについてだ。国宝になっている土偶は本州でも墓域で見つかったものもあるが、発見される総数からすると非常にまれである。そしてそれは、主に集落のリーダーやシャーマンが埋葬されたとおぼしき墓など、限られている。本州ではむしろ、土偶は貝塚や盛土といった、生活で不要となったものを廃棄する場所や住居の跡などで発見されることが多い。墓域で見つかる土偶とそれ以外の場所から見つかる土偶の間には、明らかに、土偶に対する人々の考え方の違いがある。繰り返しになるが、土偶は、そこに生きる人たちが安産、食料確保の成功、病気治癒など日々の願いを祈願するために作られた道具だと考えられてきた。割れて見つかる土偶の話を思い出してほしい。つまり、土偶とは今を生きていくための道具であって、願いを成就させるために壊されることもあれば、役目を終えてその場に廃棄されることもあるものであった。

一方、北海道の土偶は、そのような使われ方をしながらも、人の生死の現場により密着していたのではないかと思われる節がある。前述のとおり、この中空土偶が赤く塗られていたとしたら、この土偶が生死の問題に結びついていた可能性はより強まる。赤という色で思い出すのは、青森県是川遺跡で見つかった人骨である。赤色の顔料が人骨に撒かれた状態で土坑墓に埋葬されていた。赤く彩色を施すことで、失われた命の再生を願ったのではないかと考えられている。この遺跡だけでなく、東北地方の後、晩期になると、このような埋葬例が多々見受けられるが、縄文を生きた人々にとっては、赤は命を象徴する色だった。

だとしたら、残された人々は、赤く塗った土偶を被葬者とともに墓に埋めることによって、生まれ変わりを助ける役目を土偶に託したのではないだろうか。毎年、春になれば、自然の木々は芽吹き、草木も新しい命に生まれ変わる。この循環を見て、これは生き物すべて——人の生死にも——に当てはまる循環と考えたとしても不思議はない。

こうして装飾品などの副葬品とは違う意味で、土偶を被葬者とともに天に送ったのかもしれない。

縄文人が残した贈り物

そんな中空土偶がアエさんの家庭菜園から発見された翌春、町はその処遇をめぐってちょっとした騒ぎになっていた。

埋蔵文化財は通常、発掘された後、遺失物法などにしたがって落とし物として遺失物届

〈中空土偶、茅空〉著保内野遺跡出土
縄文後期、高さ41.5センチ
函館市教育委員会蔵・写真提供　国宝

けが発掘担当者から警察に提出されることになる。そして警察から報告を受けた都道府県教育委員が調査し、文化財かどうかを判断するが、六ヶ月が過ぎても持ち主が現われない場合、都道府県（当時は国）から発見者と土地の所有者に譲り渡されることが定められている。[5]この場合、「落とした」のは縄文人であるから、持ち主は現われないに決まっている。とはいえ、法律で定められているため、すべての遺物はこのような手順で世の中に出てくるのである。中空土偶の場合はどうなったのだろうか。通常であれば、当然、発見者であるアエさんが所有することになる。

　その復元された土偶だが、その大きさや装飾の素晴らしさ、焼きの精度を上げるための両脚を繋ぐ管の工夫など、人々はあらゆる面で目を見張ったという。そして前出の小笠原さんは、この中空土偶がいかに珍しく、いかに貴重かを、道教育委員会を通じて文化庁に報告している。ゆくゆくは国の重要文化財指定を受けるためであった。

　もちろん文化庁から派遣された係官もその重要性に着目した。現地調査の折りには、「保管が万全で、研究に便利な中央に置いた方が……」と買い上げをほのめかす発言がしばしばあったと言われる。また町教育委員会には、実質的な所有者であるアエさんに意向を尋ねてほしいと、具体的な打診も試みられている。それだけではない。発見が報じられたそばから、研究者や手に入れたいと懇願する一般の人々がアエさん方に続々と訪れた。しかし、そんな声には耳を傾けることなく、発見者であるアエさん夫婦は南茅部町と合意の上で権利を放棄した。

「私は〔土偶を〕発見したんじゃない。「当たった」んだ。みんなのために役場にあげたんだ」

とアエさんは語っている。[6]

こうして土偶は南茅部町が譲り受けることになった。しかし町の人たちは喜ぶ一方で、土偶の価値が高まりつつあることを知り、重要文化財に指定されたら国に買い取られてしまうのではないか、中央に持ち去られてしまうのではないかと心配した。こういった声に後押しされてだろうか、町の教育委員会は文化庁に対抗すべく、一九七六年（昭和五十一年）には本格的な資料館を建設し、そこで保存管理をする構想を打ち出した。「重要文化財に指定されても中央には渡さない」という決意が形となって現われたのである。

中空土偶は三五〇〇年前の縄文人が残した贈り物なのだ。そうやすやすと手放すわけにはいかない。南茅部町と町民は地元で守るための運動を繰り広げ、中空土偶は北海道の地に残ることになった。その後、事情によって南茅部町役場の耐火金庫室で三〇年以上保管されるなどの紆余曲折《うよきょくせつ》を経てのことではあるが、国宝指定の機運が高まり、中空土偶を展示する函館市縄文文化交流センターが無事に建設されている。[7]

中空土偶は一九七九年（昭和五十四年）六月に国の重要文化財に、二〇〇七年（平成十九年）三月に北海道初の国宝に指定された。「個人所有の場合、管理しきれなくなって文化財を売却し、その結果、散逸してしまうこともある。著保内野《ちょぼないの》遺跡の土偶が北海道初の国宝になれるのも、小板さんと、土偶を大切にしてきた町のおかげだ」――国宝に指定された際、新聞社の取材に答えて、道教育委員会の文化財担当者はこう語った。

1 「地元の土偶ぜひ残そう――南茅部」「北海道新聞」一九七六年二月二十九日付。
2 「国宝の「娘」上」「読売新聞」二〇〇七年三月十七日付。
3 「中空土偶　重文指定に関係者大喜び」。一九七九年四月五日付。
4 「中空土偶　国宝に」「北海道新聞」二〇〇七年三月十七日付。
5 「国宝の「娘」中」「読売新聞」二〇〇七年三月十八日付。
6 前掲「国宝の「娘」中」。
7 前掲「国宝の「娘」中」。17章でも中空土偶の国宝指定について取り上げた。

11　首なし土偶と首なし遺体

――藤株遺跡

遺跡の報告書を読みながら、恐ろしさのあまり震えを感じたのははじめてのことだった。こんなことが本当にあったのか。一般的には、縄文時代は平和的で争いごとを好まず、自然とともに暮らしていたイメージを持つ人が多いだろう。また土器や土偶の製作者としての縄文人は、芸術性、精神性の高い人々を彷彿《ほうふつ》させる。もちろんいろいろ衝突することはあっただろうが、基本的には争いごとの少ない世界で暮らした人々だと私も思ってきた。しかし縄文時代の遺跡から、首のない土偶と首のない焼人骨が見つかっている。

この遺跡は秋田県北秋田郡鷹巣町《たかのす》（現、北秋田市）藤株にある藤株遺跡と言い、明治時代中頃には縄文時代晩期の遺跡として知られていた。遺跡の一部を国道一〇五号線のバイパス

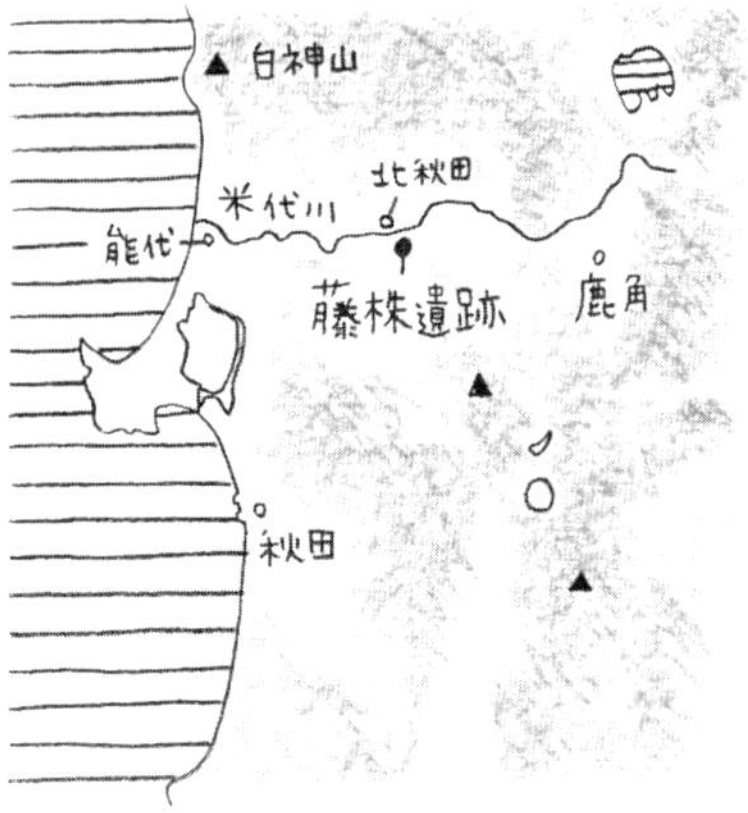
白神山
北秋田
米代川
能代
藤株遺跡
鹿角
秋田

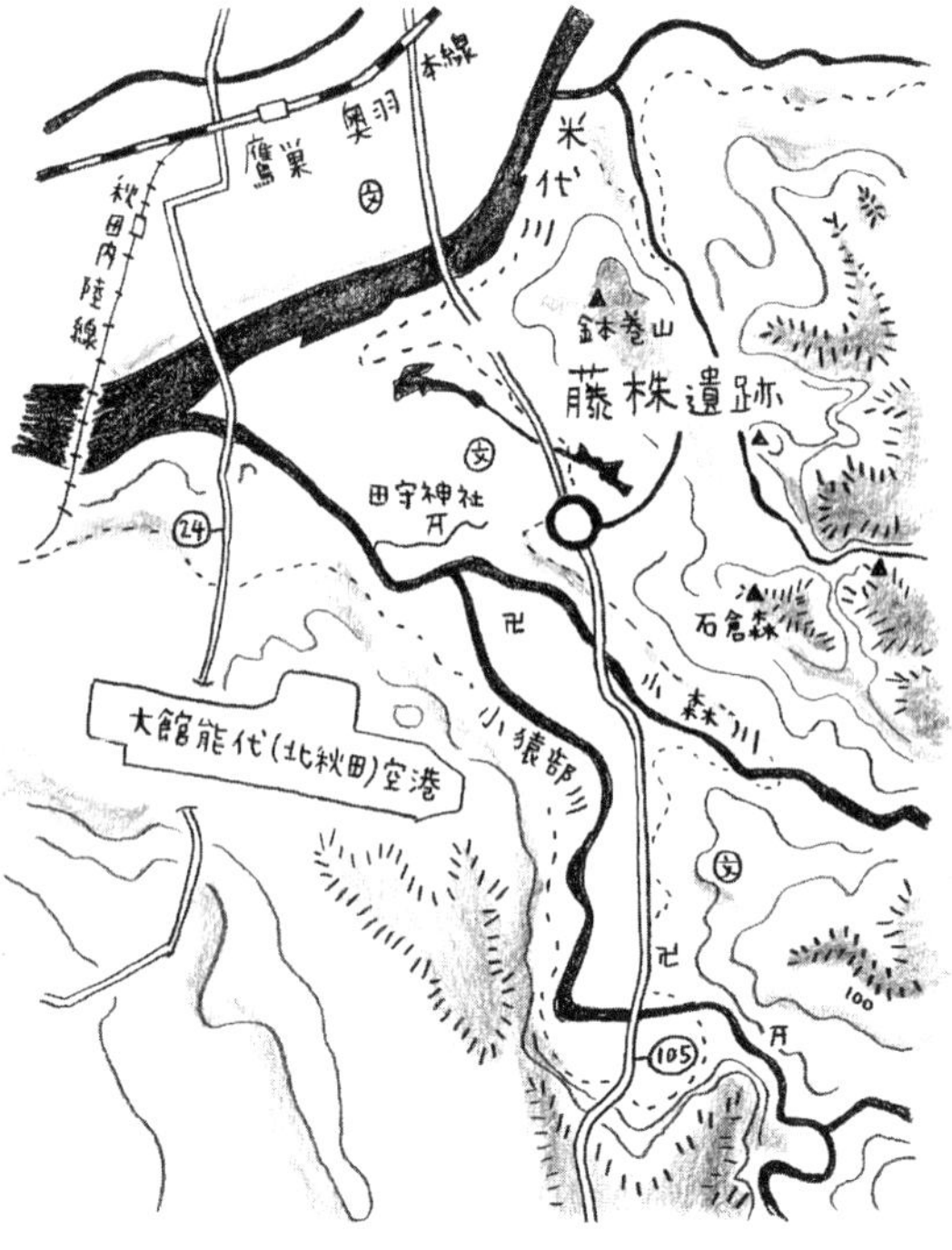
本線
奥羽
鷹巣
秋田内陸線
米代川
鉢巻山
藤株遺跡
田字神社
石倉森
小森川
大館能代(北秋田)空港
小猿部川
24
105
100

が通過する計画が持ち上がり、一九八〇年（昭和五十五年）四月二十五日から十月八日まで、発掘調査が行われることになったのである[1]。

藤株遺跡は標高四〇メートル前後の段丘の上にあり、その北側に現在は中堤、大堤と言われる湖沼があるのだが、当時、これらは一つに繋がっていたと考えられている。その周辺には縄文時代前期から晩期に至る各時期の遺跡が点在し、藤株遺跡もそうした遺跡の一つだった。

調査で発見された遺構は、住居跡二四基、土坑八七基、配石遺構一基、埋甕一基、井戸一基である。そこから見つかった遺物の量は整理箱で四〇〇箱、土器の多くは押しつぶされた状態で出土したが、無事に復元できたものが二〇〇個にもなった。石器も主なものだけで二〇〇〇点を上回り、その他土製品、石製品も二〇〇点以上になった。もともと、縄文時代晩期の遺跡として知られていたが、下の層からは縄文時代後期の遺物も見つかっている。

作り手は何を思っていたのか

そしてここに非常に特殊な土偶が出土した。完全形に近い状態で見つかっていて、下腹部

〈土偶〉藤株遺跡出土、縄文後期、胴部長さ 11.5 センチ
秋田県埋蔵文化財センター蔵・写真提供

が膨らみ、豊かな乳房も見受けられる。両肩にわたって、管状の道具で刺して施したと思われる円形の模様がびっしりと入れられ、それは肩から身体の中央を貫くように帯状に連なっていた。両手、両脚は失われていたが、首は最初から作られていない。この土偶は首なし土偶だったのである。

今まで見てきたように、土偶は、顔を作らなかった草創期、早期、前期を経て、縄文人たちの中で意識に何らかの変化が起こり、中期には顔が作られるようになる。土偶を作り出した当初、顔を作らなかったのは、人ならざるものを表現したためであると考えられている。顔を作った瞬間、それが人格のある存在、つまり「誰か」という存在に固定化されてしまうことを避けていたのではないかと考える研究者もいるが、真実は分からない。だが、たしかに彼らは中期以降、顔のある土偶を作り始めた。そんな中で後期に作り出された藤株遺跡の首なし土偶は、明らかに異端とも言える。

なるほど、壊された状態で発見されることが多いことから、中には首がとれて見つかる土偶や、逆に、頭はあるけれど身体が見つからない土偶はある。これらは作られた当初は頭から脚まですべて作られていて、たまたま見つかった時には壊されていただけである。

しかし、この藤株遺跡の土偶は違う。初めから頭を作っていないのだ。明らかにそこには作り手の意図がある。このような土偶が地域一帯で作られたかといえば、そんなことはないと研究者は言う。今後、見つかる可能性も否定はできないが、少なくとも現時点では、この土偶の特異性は際立っていると言っていいだろう。

見方を変えれば、土偶とは、この例のように個人の考えをかなり色濃く反映しながら作ってもよいものであった。この土偶は何のために作られたのか。その点については何も分からない。すでに紹介したように、たとえば手に傷ができた時に、その傷を癒したいと考えた縄文人が土偶の手を壊し、早い回復を祈ったという推定はたびたび研究者の発言で見られるものである。そして頭に病を抱え、その病を治癒したいがために作った土偶なのだとしたら、全身をいったん作った後、頭を割って、祈った、ということがあったかもしれない。しかし繰り返しになるが、このケースは違う。

縄文時代の埋葬

そしてもう一つ、この遺跡には不可解なことが残されていた。

それは首のない焼人骨が見つかっているということである。首なし土偶が作られた時代から五〇〇〇年ほど下った縄文晩期に、その人は何らかの理由により頭部を切り落とされ、そして埋葬された。

土坑の中から発見された当時、この人骨は強い火熱によって変形し、前腕骨以外はほぼすべて小さな破片となっていた。部分的に動いた痕跡は見受けられるが、解剖学的配列を保ったまま仰臥《ぎょうが》伸展位の位置、つまり仰向けで脚をすっと伸ばした状態で横たわっていたという。そしてその上にはかなり厚い木炭がかけられていた。土坑内からは炭化物や焼土も見つかっている。つまり驚くことにこの人骨は、土坑内で火葬されていたのだ。

ここで少し、一般的な縄文時代の埋葬について話しておこう。一般的には穴を掘り、その中に膝を強く曲げ、丸くなった状態で埋められる（屈葬）ことが多い。これには、脚を伸ばした状態よりも穴を掘るスペースが少なくなるため楽だった、死者の霊が生者に危害を加えるのを防ぐために丸く封じ込めた、胎児の姿を真似て母なる大地に戻した、などの理由が考えられている。その他、子どもは土器の中に入れて埋葬されることが多く、あまり例は見られないが、いったん埋葬した後白骨化させ、その骨を拾い集めて洗い、再び土器に入れて埋葬(再葬)することもあったという。

そして一般には知られてはいないが、縄文人の人骨も焼かれた状態で見つかることがある。しかし、それらの多くは数人の人骨をいったん他の場所で焼き、まとめて墓坑に納めた例が多いと言われている。この場合、物理的な移動を経過することで、墓坑の中で解剖学的な配列を保って発見されることは、ほとんどないと言っていい。それに対して藤株遺跡のこの人骨は、火葬に伴う自然の乱れで脚の位置が動いているものの、その他の部位は埋葬された時の位置を保っていた。ということは、土坑内の様子から考えても、その穴の中で火葬され、そのままそこが墓となったとしか考えられない。

ここで私は、「生贄《いけにえ》」だったのではないか、という可能性を考えた。何に対して? 食料を与えてくれる自然に対してであろうか。縄文時代晩期の初め頃、気候は以前より寒冷化していたと考えられている。それに伴って森の恵みが思うように人々に届かなくなっていたとしたら、集落を代表するシャーマンは、この窮地にどう向き合うのだろうか[2]。

藤株遺跡人骨出土状況、縄文晩期、秋田県埋蔵文化財センター写真提供

この人骨には頭骨と歯がまったくなかった。当時、国立科学博物館人類研究部長を務めていた山口敏さんは、この人骨を鑑定し、首がない原因を探っている[3]。

① 遺体に、初めから頭部がなかった

② 火葬後に頭骨片だけが持ち去られた

③ 頭部の燃焼度が弱かったため、腐蝕が進み、保存されなかった

このうち、②は大小さまざまの頭骨片と歯を一点残らず持ち去ることは困難であるとし、可能性は低いと山口さんは判断した。そして、頭部とあまり離れていない手と腕が充分に燃焼され、残された状態がよかったことを考えると、③の可能性も低いという。結果、「残る①はかなり異常な事態であるが、火葬の場での埋葬という葬法自体が、きわめて例外的、変則的なものである以上、このような可能性も一応考慮に入れた上で、今後検討を進めることが必要であろう」としている。

この特殊な埋葬方法で眠る人物に何が起こっていたのだろうか。

報告書には、この人物は「年齢は成年ないし熟年、性別は判定困難であるが、女性である可能性がやや高いと思われる」とある。成人女性の頭部を切り落とした遺体とは物騒な話

である。しかし、そうまでしないとならない理由が縄文時代晩期にこの藤株遺跡に暮らした人々にはあったのだろう。

単なる生贄であった場合、頭部まで切り落とす必要はない。ここで、土坑内で火葬されているという点と、頭部がないという点から、私は、この女性が何らかの病にかかっていた可能性を考えた。今まで集落の人々が見たことがないような悲惨な症状が女性の身体に現われ、それに人々が恐れをなしたとしたら……。

現在も世界各地で暮らす先住民族は、外から持ち込まれる病気に対して非常に警戒をする。持ち込まれた病気によって他の村が消滅するのを間近で見たり聞いたりしているからである。この警戒感は縄文の人々も持ち合わせたものであったかもしれない。つまり、医療の知識がない縄文人にとって、悪い精霊が女性の身体に入り込み悪さをしたと考えたのならば、霊が入り込んだ場所、たとえば口を切り落とすのかもしれない。身体を焼き切ることで、その悪い霊を女性の身体の中に封じ込め焼き切ったのではないか、私はこう想像する。

あえて頭を作らなかった土偶。

時代は下るが、頭部が切り落とされ焼かれた縄文人骨。

藤株遺跡に暮らした縄文人が残した「頭」のない土偶と人骨は大きな謎である。しかし、平和に暮らしていたと言われる縄文人たちの中にも、何らかの事情があるとはいえ、このような事例があるということは、衝撃であり、私たちが知り得ない呪術に彩られた彼らの世界観を今に伝えている。

1 秋田県教育委員会『藤株遺跡発掘調査報告書』一九八一年。

2 文化的に発達する時期にあたるため、この想定は難しいのではないかと監修者より指摘をいただいたが、頭がないという事実から連想される一つの事柄として、ここではあえて提示することとした。

3 「藤株遺跡ＳＫ05出土の人骨」、前掲『藤株遺跡発掘調査報告書』所収。

12　二万体を背負って立つ土偶

――遮光器土偶

遮光器土偶ほど、見る人によって好き嫌いが分かれる土偶もいないのではないか。その姿はずんぐりむっくりの宇宙人と言われ、アニメや特撮物の映画にも登場する、誠に稀有《けう》な土偶なのだが、どうにも特徴的なあの目が、見る人の心をいろいろな意味で揺さぶるらしい。

この名前は、大きな目の作りが、北米のイヌイットが雪の反射から目を守るために身に着けていた遮光器（雪メガネ）に似ていることから人類学者であった坪井正五郎（一八六三―一九一三）によって名付けられた。明治二十四年、ロンドン留学の際に大英博物館で見た遮光器にヒントを得たという。

その遮光器土偶は縄文時代晩期、つまり一万年以上続いた縄文文化が辿りついたその先で

〈土偶〉恵比須田遺跡出土
縄文晩期、高さ 35.7 センチ
東京国立博物館蔵　TNM Image Archives

〈遮光器土偶〉浜岩泉 II 遺跡出土
縄文晩期、高さ 23.2 センチ
田野畑村教育委員会蔵・写真提供
アーモンド形の目をしているが、
この目が遮光器に変化していく

登場した土偶である。土偶といえば、遮光器土偶の姿をほとんどの人が思い浮かべるだろうが、実際は、長い縄文時代のわずか数百年、亀ヶ岡文化が栄えた北海道渡島半島から東北一円、中でも東北地方北部を中心に作られた土偶である。

遮光器土偶とは一体の土偶を指す言葉ではなく型式を表わす分類であり、作られる時代によって顔や身体の表現が異なる。特に大きく変化していくのが大きな目であり、その目を中心に顔の作りも変化していくのである。

その特徴は、『縄文の土偶』を著した藤沼邦彦によれば、「大型品であること」「内部が空洞に作られていること」「頭に香炉の蓋のような透かしのある宝冠《ほうかん》状の突起がついていること」「大きな目が顔の大部分を占めること」「体部に磨り消し縄文による雲形文がていねいに描かれていること」「表面が黒く研磨されていること」「形態がかなり形式的であること」が上げられるという。もちろん、この特徴に当てはまらないものもある。たとえば、一〇センチ前後の小型で中まで粘土が詰まっている中実の遮光器土偶も作られており、それは頭もさまざまな突起で飾られていた。しかし小型化していくその変化は別に見ることにし、ここでは遮光器土偶として一般にイメージされる大型品を中心にその魅力を考えてみたい。

遮光器を彷彿させたあの特徴的な目が生み出される前に作られていたのは、岩手県浜岩泉遺跡の土偶のようなアーモンド形で、吊り上がった感じの目であった。口、眉、鼻も通常のバランスで整えられている。体つきは女性の特徴を強調したような、きゅっと括れた腰と突き出るような豊かな乳房を備えていた。どちらかといえばスマートで、肉感的な土偶と言っていい。

その後、アーモンド形をしていた目は、丸く、大きくなっていった。顔のほとんどを目が占めるようになり、立体的に作られていた弓形の眉は大きくなった目をぐるりと取り囲む縁取りに変化する。そこにも模様が施され、その目の中央には横に真っ直ぐ線が引かれた。こうして「遮光器」が完成する。

眼鏡のようになった眉は、眉としての性格を失い、鼻と口は狭くなった両目の間を縫うように上昇し、鼻は眉間に、そして口は目と目の間に作られるようになった。肉感的だった身体は腰の括れをそのまま維持しながらも胴は太くなり、乳房はその位置を留めているに過ぎないほど遠慮気味に作られ、文様の一部と化す。肩、腰が張り出し始め、しっかりした体つきに変化した。頭には宝冠《ほうかん》状の装飾がなされ、身体には雲形の文様（雲形文）や点がびっしりと施されて私たちがイメージする遮光器土偶が完成する。

その代表例の一つが宮城県大崎市の恵比須田《えびすだ》遺跡から見つかった遮光器土偶である。高さ三五・七センチ。鼻の突起は眉間にあり、控えめに付けられた口は両目の間に位置し、首にはネックレスのような装飾がなされている。いったん付けた縄目文様をデザインに合わせて

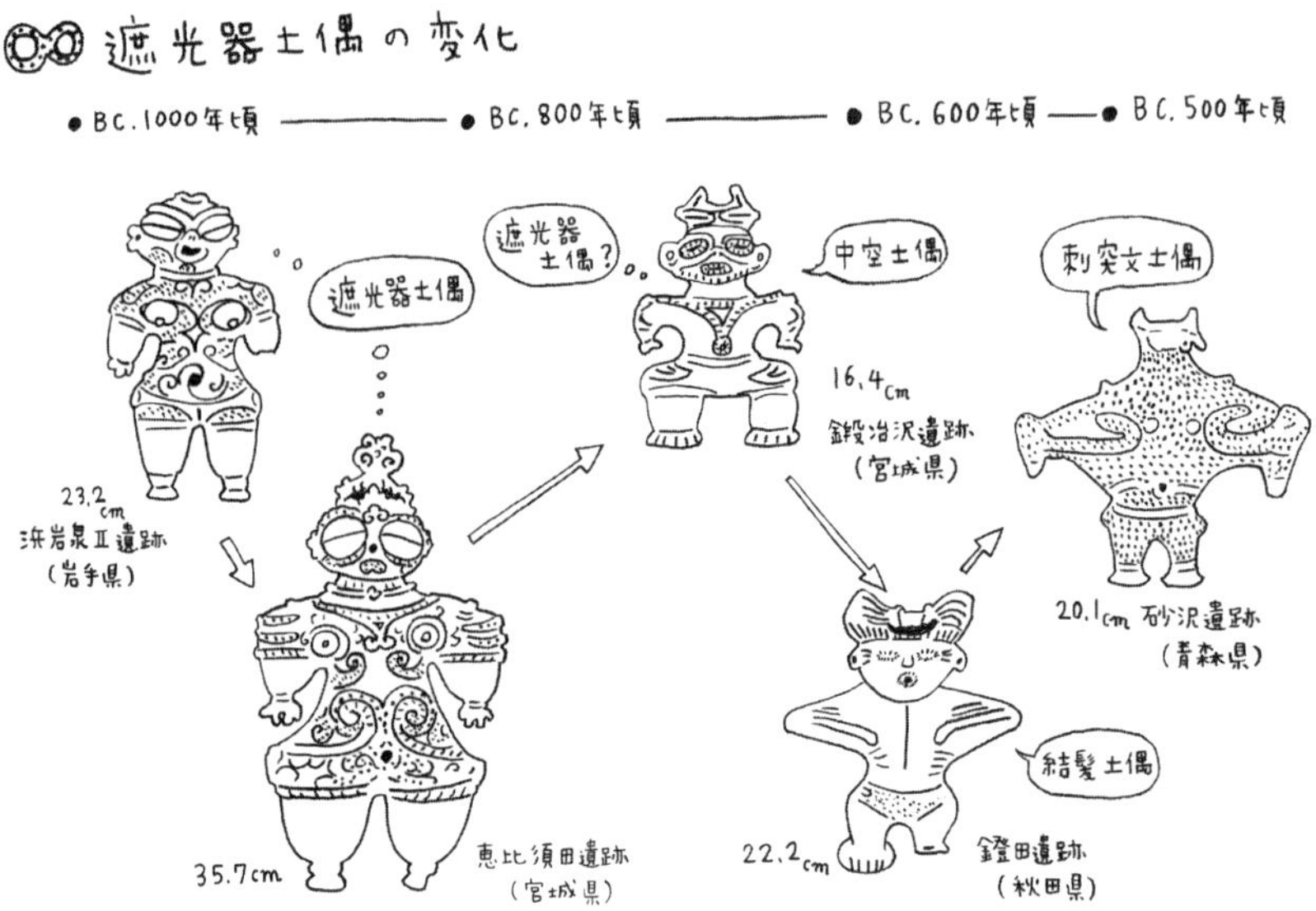

磨《す》り消すことで、装飾効果を高める磨消《すりけし》縄文を多用し、雲形文に細かな点を施すことで、より一層デザイン性の強い印象を見る者に与えている。それを正面だけでなく背面にも隙間なく施す手の込みように、感嘆の声を上げる他はない。この遮光器土偶は文句なしに素晴らしい。遮光器土偶があまり好きではないという人であっても、「これは素晴らしい遮光器土偶だ」と納得させてしまう芸術性の高さと美しさを持っている。

その上、この土偶はどこか愛らしい。短い腕、そして短い脚の先に作られた小さな掌や足が、身体にびっしりと施された文様に対して少しアンバランスで、そこに愛嬌を感じるのかもしれない。そしても一つ。この子は作られた当初、全身を赤く塗られていたと考えられていた。三五・七センチと大型であることを考えると、この集落にとって相当大切な存在だったのではないか、何を思いながらこの美しい遮光器土偶を作り出したのだろうかと想像せずにはいられない。そこにあるのは純粋に集落のために土偶を作りたいという想いだけだったのだろうか。美という観念に出会っていたのだろうか。見る者にさまざまな問いを思い起こさせる。いずれにしてもこれだけの土偶を作り出すには相当の時間と経験が必要だっただろう。そのすべてを注ぎ込んで作った、渾身《こんしん》の遮光器土偶だったはずである。

このように造形的に完成された遮光器土偶を作り出した最盛期を過ぎると、どういうわけか、形が崩れ始める。天を突くほど高くゴテゴテと装飾された頭の突起は、二本の角が付いたように簡略化された。遮光器状だった大きな目は小さくなり、横長の粘土粒が貼付けられたような表現に変わっていく。

目が小さくなったことで、上昇していた鼻や口は通常のバランスに戻り、これを境に遮光器土偶の顔の表現は衰退していったのである。身体はというと、肩、そして腰の張り出しがますますきつくなり、両脚をがっと広げて踏ん張るような姿勢をとるようになった（156ページ）。装飾の一つと化していた乳房は胸の位置から脇に逸れた場所に作られた。雲形文はなくなり、張り出した肩、そして腰に渦巻きや線で文様が施されたのである。

〈ミミズク土偶〉後谷遺跡出土、縄文晩期
残存高19センチ
桶川市歴史民俗資料館蔵・写真提供

この後、遮光器土偶の流れを汲《く》むとされる、髪を結んだ表現に特徴がある結髪土偶（157ページ）や肩や胴部に無数の点列を施した刺突文土偶などが作り出されるが、遮光器土偶の最盛期のような、全身にほとばしるエネルギーを湛《たた》えたものが作られることはなくなった。

北海道渡島半島から東北一円に広がった亀ヶ岡文化圏でこのような変遷を見せた遮光器土偶は、それ以外の地方ではその最盛期の姿が真似され、再生産されるようになった。これを模倣系の遮光器土偶という。特に茨城県、埼玉県、千葉県などに多いとされるが、北海道など他の地域でも見つかっている。それほど遮光器土偶に憧れを抱いたのはなぜなのか。縄文人にとって亀ヶ岡文化圏とはどんな存在だったのか。遮光器土偶を持つことが、本場と距離が離れていたとしても激動の晩期に生きる縄文人としての精神的連帯の証だったのだろうか。

私は、取材で模倣系の遮光器土偶を見るたびに、伝え聞いた情報、もしくは、集落に持ち込まれた本場の土偶を見ながら、拙いながらも必死にそれを真似した縄文人の姿が浮かんだ。その真似された遮光器土偶は、亀ヶ岡文化圏で作られたものよりも、どこかいびつで、人間くささが滲み出ているようで、自然に笑みがこぼれる。

たとえば、埼玉県後谷《うしろや》遺跡の中空のミミズク土偶。通常ミミズク土偶は実が詰まった身体（中実土偶）をしているのだが、後谷遺跡のミミズク土偶は中空で自立し、頭にはハート形をした飾りがぐるっと一周巻いている。これは遮光器土偶の頭部に施される装飾を意識し、通常のミミズク土偶（154ページ）とはまったく違う装飾である。しかし、顔は明らかにミミズク土偶の特徴であるハート形の顔に丸い目をしている。ここの遺跡からは通常のミミズク土偶も出土していることを考えると、作り手は地元の土偶を土台にして、その上に遮光器土偶の特徴を取り入れるというアレンジをしたようである。この方法は、他の地域の模倣系遮光器土偶でも見られ、地域の土偶に遮光器土偶のエッセンスを取り入れたお国遮光器土偶と言ってもよいのかもしれない。

13　そして土偶はいなくなった
――縄文から弥生へ

ここまで見てきたように、縄文時代の始まりとともに世界に姿を現わした人形《ひとがた》の焼き物「土偶」は、時代と地域、そして人々の暮らしを反映しながらさまざまに姿を変えたわけだが、その最後は、いったいどのようなものだったのだろうか。[1]

東北、主に亀ヶ岡地域で土偶界を代表する遮光器土偶が盛んに作られ、次第に結髪土偶へと変容していった頃、他の地域ではそれぞれの土地の土器文様を取り入れた土偶が生まれていく。中でも、関東地方および中部地方では、顔中にびっしりと線が描き込まれ、まるで入墨をしたのかと思う独特な表現を施した有髯《ゆうぜん》土偶が、少数ではあるが作られるようになる。そして「顔中に線を施す」という部分を継承した、非常に特徴的な「土偶形容器」と呼ばれ

〈土偶形容器〉中屋敷遺跡出土
弥生時代、高さ26.7センチ
個人蔵、大井町教育委員会写真提供

〈有髯土偶〉後藤遺跡出土
縄文晩期、高さ9.2センチ
栃木県立博物館蔵・写真提供

るものが縄文時代晩期の終わり頃から弥生時代初頭にかけて登場する。

有髯土偶と同じ関東および中部地方で作られた土偶形容器であるが、有髯だけでなく縄文時代晩期に作られた中空という特徴も引き継いでいた。これにより顔には線で文様が描かれ、身体は中空という造形が出来上がった。実はこの土偶、もう一つ大きな特徴を持っている。その特徴が「土偶形容器」と言われる所以だが、頭部に丸く穴が開けられ、身体全体が容器としての機能を持っていたのである。

その代表例が神奈川県中屋敷《なかやしき》遺跡から見つかった弥生時代の土偶形容器である。短い腕、垂れ下がる乳房、そして身体の真ん中を貫く線。脚は作られておらず、どっし

赤漆彩色切断壺形土器（大石平遺跡出土）を図示したもの。再葬墓に用いた専用の土器。内部に洗骨した骨を納め、上部は蓋となっている

りと立たせることができる。丸く開けられた口は何ともかわいらしく、目の周りに施された模様も、ぱっちりお目々を強調するようで、なかなか洒落《しゃれ》ている。まるで土偶のような外見を持ちながら、発見された当時、この中には幼児の骨が納められていたという。

縄文時代の埋葬方法の中に、土器を棺にして埋葬する例があり、主に子どもの場合に行われていたことはすでに書いた。これは大人でも見られるが、なぜ子どもの場合、特にこのような埋葬をしたのかといえば、残された人々が、再び家族のもとに帰ってきてほしいと土器を母胎に見立てて命の再生を願ったのではないかと考えられている。その棺が土器から人形の容器に変わった。事実を見れば土器だったものが人形に変わっただけなのだが、時代はすでに弥生時代になっていた。縄文時代に土偶が担った命の再生という役割の一つが、土偶形容器には「人形」という、よりダイレクトな表現として反映されたと考えることができる。

ということは、俗に言う「弥生人」にも縄文時代の呪術的発想が引き継がれていた、ということになるのだろうか。

渡来の人たち

ここで縄文時代晩期から弥生時代に移り変わる日本列島の姿を見てみよう。

縄文時代晩期、東日本で従来の狩猟、採集、漁撈を中心にした生活様式が営まれていた頃、北部九州には、大陸から渡来系と言われる人々がやって来た。彼らは水稲稲作という大規模な土地を必要とする農業システムとともに大陸の文化も持ち込み、日本列島で暮らし始めたのである。以前は、稲作をするため大陸から大規模な民族移動が起こり、それによって縄文人は駆逐され、大陸系の人々が支配する世界に置き換わったように言われていた時期もあったが、現在は、その見方は改められている。

さて、上陸した渡来の人々を見て北部九州の縄文人たちは、今まで見たこともなかった生活様式を携えた人々の暮らしを目の当たりにして驚いたことだろう。自分たちの暮らしが壊されるのではないかと脅威にも思ったはずである。暮らす土地をめぐって小競り合いも起こったはずだ。しかし、時間の経過とともに、彼らは民族を超えて共存し、渡来の文化を受け入れるようになっていく。そしてその影響は数世紀の時間をかけてゆっくりと列島に拡大していった。

特に気温が下がり、木の実一つとっても、森から採れる植物食料を以前ほど得られなくなっていた西日本の縄文人たちにとって、人の手によって食料が管理、確保できる稲作は魅力的に映ったかもしれない。そして彼らは狩猟、採集、漁撈の他に、主な食料確保の手段として稲作をはじめとした本格的な作物栽培を始めたのだ。

とはいえ、全国的に見ると、地域によってその受け入れ方もまちまちだったようである。全面的に受け入れた地域もあれば、選択的に一部を受け入れた地域もあった。青森県の砂沢遺跡のように一度は受け入れた稲作を放棄した集落もあった。イネ科の植物に含まれる珪酸体をプラントオパールといい、土中に残ったプラントオパールを分析することで砂沢遺跡の水田利用の実態が解明され、稲作を放棄したことが分かった。こうして文化を受け入れる側、つまり縄文人たちの選択によって弥生文化は広がっていったのである。縄文の人々は、渡来の人々が持ち込んだ文化を自分たちの都合のよいように上手に取り込み、改変し、そして民族としても交わりながら、日本列島に暮らす新たな文化の担い手となったのである。

同じ土地に人が隣り合わせて暮らせば、それぞれの文化と民族が交わり、新たな文化が起こるのだろう。今を生きる私たちが便宜的に時代を区分しているだけであって、日本列島に暮らした当時の人々の間に暮らしの断絶はない。ずっとこの地に暮らした人々の時間が流れていただけなのである。

そう考える時、土偶形容器を作った人物の姿が少し見えてくる。弥生文化を受け入れながら生きる縄文人系弥生人が、縄文時代に集団を存続していくために重要な問題だった人口維持、つまり命の循環に対して最後までこだわった証が、土偶形容器だったのではないかと思えてくる。しかし、そこには自然の恵みが豊かであるように祈った土偶の役割はない。ここに人の手で管理する稲作を、主な食料確保の手段として選択した人々の大きな意識の変化がはっきりと現われている。

自然から生きる糧を得ていた縄文時代に生まれた土偶は、自分で生産、管理しやすい稲作を選択したことによって、姿を消した。そして土偶とともに、純粋に自然に祈りを捧げ続けた人々も同じように姿を消したのである。

1 本章は、以下の書籍を参考にした。原田昌幸『日本の美術 No. 345 土偶』至文堂、一九九五年。藤尾慎一郎『弥生時代の歴史』講談社現代新書、二〇一五年。

14　土偶と土器の密なる関係

――絆としての模様

縄文時代の焼き物と言われて、まず頭に浮かぶのは「縄文土器」という人も多いのではないかと思う。その中でも「火焔型土器」といわれる、燃え盛る炎がそのまま土器になったものをイメージする人が大半かもしれない。しかし、縄文土器はあの土器だけではない。地域、時代、用途によってさまざまな土器が作られた。

土器は一万年以上作り続けられた生活の道具であり、この道具を発明したことによって縄文人たちの生活は劇的に変化した。万能調理器具ともいわれる土の器を手にしたことで、彼らの食料事情は格段によくなり、人口も増加したといわれている。

そしてほどなくして彼らは集落を作るようになる。森を切り開き、おのれの世帯だけで暮らしていくよりは、お隣りさんがいた方が何かと心強いし、狩猟採集の生活をしていくためには、人手が大切なことを経験から知っていたはずである。一緒に狩りに出かけ、皆で仕留めたシカの肉を食べる。植物繊維で編んだ籠《かご》を携えて秋になれば連れ立ってキノコ狩りに行ったり、栗の実を採りにいくのも、一人でも多い方が仕事がはかどるはずだ。そうして集落の働き手である壮年の大人たちが食料確保に出かけている間、残った大人で子どもの面倒をみていたことだろう。自分の子どもも隣りの家の子どもも、みんな集落の子どもである。社会全体で育てる仕組みが自然と出来上がっていたはずだ。

そこに集団としての意識が芽生え、自分たちだけの印、集団の証を、何よりも大事な生活道具である土器に施したとは考えられないか。たがいに文様の作り方を教え合いながらみんなで土器を作る。そこでも絆は深まり、文様はただの装飾ではなくなっていく。残念ながら私たちは土器に書かれた文様の意味を読み解くことができないが、地域ごと、年代ごとに特徴がある土器の文様は、その集落で共有していた考えや集団の証がデザインとして具象化されたものだったのではないかと考えることができる。

一方、縄文時代のもう一つ重要な焼き物が「土偶」である。生活の中に呪術が入り込んでいたとも解釈できる例はすでに紹介したが、生活の道具として存在した土器に対して、彼らの心に安定をもたらすために生み出された人形《ひとがた》の焼き物が土偶である。そこには非常に繊細な文様から、大胆な身体の造形、不可思議な顔など多種多様な表現がなされているのだが、実はよく見ると、同じ地域で出土する土器と同じ文様が施されていることが多い。文様のない土偶も存在することからすべてとは言えないが、同じ場所から見つかる土偶と土器には共通する文様が施されているのである。

研究者たちは最も大事な生活の道具である土器に施した文様を、祈りの道具である土偶にも広げた、と考えている。たしかに集団の証として施した文様を、土偶にも施すのは自然な心の流れであろう。それくらい集団の結束や絆は大事だった。そして祈りの道具である土偶に集落の証を施すことは、皆の絆を土偶に託す行為だったのかもしれないと思う。

それでは具体的に、土器と土偶の関係を見よう[1]。大まかに土偶の変遷をおさえながら、土器も紹介するが、中には、多少時期が前後する土器もある。また早期まで、あるいは山形土偶、屈折像土偶など、土器と土偶の文様が似ていない時期もある。だが、ところどころに見える文様の類似を紹介したい。

〈深鉢　爪形文系〉
鳥浜貝塚出土、縄文草創期
福井県立若狭歴史博物館蔵・写真提供

〈土偶〉
粥見井尻遺跡出土
17ページ参照

〈土偶〉
相谷熊原遺跡出土
17ページ参照

今から一万三〇〇〇年前の草創期の土偶が見つかっているが、トルソーのような表現で、頭部があるものとないものが見つかっている。どちらも顔の表現はされていないが乳房は作られていた。文様はなく、立体的なものと板状のものが発見されている。

そして続く早期も、土偶の造形に大きな変化は見られない。違いといえば、ウエストの括れたバイオリン形といわれる上下に膨らんだ土偶が出現していること、見つかったほとんどが板状であったことである。

前期になると突起のような頭部を持つ土偶が増え始める。中には、頭部に点を打ったものが出現し、これは顔を意識し

左〈深鉢　稲荷台式〉夏島貝塚出土、縄文早期、明治大学博物館蔵・写真提供
右〈バイオリン形土偶〉小室上台遺跡出土、縄文早期、高さ2.0センチ
船橋市飛ノ台史跡公園博物館蔵・写真提供

た表現なのではないかといわれている。今までトルソー形だった身体の表現に、短いながら脚を持ったものが出現する。そして東北地方の土偶の中に、点や線を使った文様を持つ土偶がチラホラ見受けられるようになった。

中期前半

生活環境が安定した縄文時代中期になると、全国的に多くの土偶が作られるようになった。トルソーの名残《なごり》があるのか、どこの地域でも脚のない十字形の土偶が多く作られた。明らかに十字形でない場合も、横に広げた腕は短く、どこか十字形の雰囲気を纏っている。

東北地方では、土器に多用されていた縄目文様

左〈深鉢　大木６式〉
小梁川遺跡出土、縄文
前期、東北歴史博物
館蔵・写真提供
右〈板状土偶〉
塩ヶ森遺跡出土
高さ 20.0 センチ
縄文前期、岩手県教育委
員会蔵、（公財）岩手県
文化振興事業団埋蔵文化
財センター写真提供

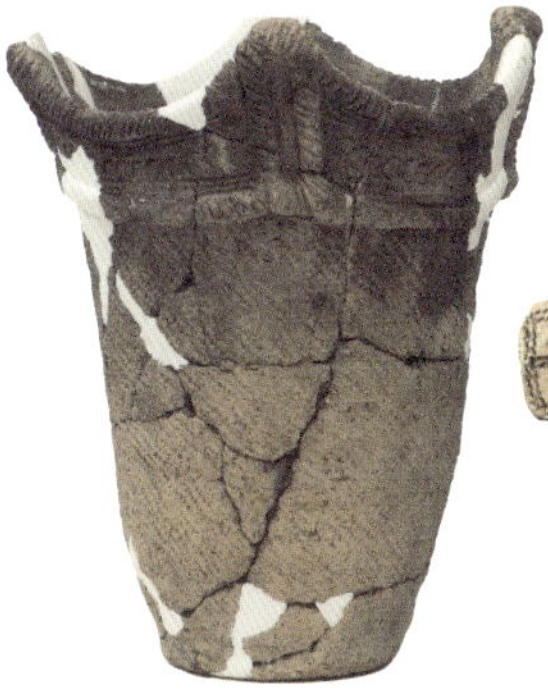

左〈円筒上層ｂ式土器〉
三内丸山遺跡出土
縄文中期、青森県教育
庁蔵・写真提供
右〈大型板状土偶〉三内
丸山遺跡出土、縄文中期
高さ 32.5 センチ

左〈深鉢　大木８ａ式〉
西ノ前遺跡出土
縄文中期、山形県教育
委員会蔵・写真提供
右〈縄文の女神〉
西ノ前遺跡出土
42 ページ参照

左〈深鉢　五領ヶ台式〉棚畑遺跡出土、縄文中期、茅野市教育委員会蔵
茅野市尖石縄文考古館写真提供　右〈縄文のビーナス〉棚畑遺跡出土、24ページ参照

が十字形の板状土偶の文様としても使われ始める。また板状と立体を組み合わせた土偶も出現する。その好例が山形県から見つかった「縄文の女神」（42ページ参照）である。

中部地方では腕を横に広げたような上半身でありながら立体的な下半身を持つものが作られるようになった。立たせることを考慮したためか、下半身がどっしりと大きくなり、バランスをとるようにお尻が大きく後ろに突き出た「出尻」系の土偶が盛んに作られた。八ヶ岳山麓では吊り上がった目におちょぼ口、弓形の眉に針で「ちょん」と刺した鼻の表現が特徴的な顔をした土偶が主流をなした。

関東地方、特に現在の多摩地域では中部

左〈深鉢　新崎式〉下山新遺跡出土、縄文中期、富山県埋蔵文化財センター蔵・写真提供　右〈河童形土偶〉筑摩佃遺跡出土、縄文中期、高さ11.5センチ　米原市教育委員会蔵・写真提供

地方の土偶に非常によく似た顔を持ち始める。北陸地方では、頭部が平らで河童のような頭部を持った河童形土偶が多く作られるようになった。顔の表現がなされていない土偶も多い。

中期中頃—後半

東北地方では引き続き十字形で板状の土偶が作られ続けるが、板状でありながら下方部分に括れを持つ土偶が現われる。中部地方では特に造形に大きな変化はないが、出尻系の土偶に線で描いたハート形の文様が付けられるようになった。関東地方、特に多摩地方で小型の板状土偶が作られるよ

左〈深鉢　大木 10 式〉縄文中期、二屋敷遺跡出土、東北歴史博物館蔵・写真提供
右〈土偶〉大梁川遺跡出土、縄文中期、高さ 11.6 センチ
東北歴史博物館蔵・写真提供

左〈深鉢　曽利 II 式〉棚畑遺跡出土、茅野市教育委員会蔵、茅野市尖石縄文考古館
写真提供　右〈土偶　始祖女神像〉坂上遺跡出土、縄文中期、高さ 22.0 センチ
井戸尻考古館蔵・写真提供

うになる。

この後の時期になると東関東、北関東ではほとんど土偶が作られなくなる。その他の地域で、製作の勢いを落としながらも作られてきた土偶ではあるが、中期の終わり頃から、いよいよ土偶の姿が日本列島から消えてしまうのである。

そして土偶はこの後、全国的に後期初頭までぱたりと作られなくなった。

後期前半

ただし、例外的に東北南部では土偶が細々と作られ続けていた地域がある。東北南部である。その他の関東、中部、北陸などでは土偶のかわりに石で作られた祈りの道具「石棒」が盛んに作られるようになる。実はこの時期、一部の地域で竪穴住居の床に石を敷き詰めた「敷石住居」も見られるようになる。土という材料に対しての思考の変化なのか、この頃の縄文人たちは「石」という素材に対して何らかの意味を持ち、暮らしの中に取り入れようとしていたようである。

中期の終わりに一部を除きほとんどの地域でいったん姿を消した土偶であるが、後期が始

上〈深鉢　綱取式〉荒小路遺跡出土、縄文後期、福島県文化財センター白河館蔵・写真提供　下〈ハート形土偶〉荒小路遺跡出土、縄文後期　高さ 17.7 センチ、福島県文化財センター白河館蔵・写真提供

まり、しばらく経った後から、それまでを取り戻すかのようにさまざまな土偶が作られるようになった。中部地方では、身体が空洞になった仮面土偶（66、71ページ）が作られるようになった。

後期後半

東北地方、北関東では中期後半に東北地方で作られた板状でありながら下方部に括れを持つ土偶が作られた。後期の初め、東北地方で細々と作られていた土偶の影響を受けたと思われるハート形土偶が出現する。同時期に作られていた土器の文様が身体に見える。ハート形土偶が東北南部で作られ始めた少し後、南関東では顔の作りがハート形土偶に似た筒形土偶が現われる。ハート形土偶以外には、肩周

左〈深鉢　堀之内１式〉下貝塚貝塚出土、縄文後期、市川考古博物館蔵
撮影、小川忠博　右〈筒形土偶〉原出口遺跡出土、縄文後期、高さ 15.5 センチ
横浜市歴史博物館蔵・写真提供

左〈浅鉢　堀之内２式〉中ッ原遺跡出土、縄文後期、茅野市教育委員会蔵、茅野市
尖石縄文考古館写真提供　右〈仮面の女神〉中ッ原遺跡出土、66 ページ参照

〈屈折像土偶〉
上岡遺跡出土
95 ページ参照

左〈山形土偶〉加曽利貝塚出土、縄文後期、高さ 14.85 センチ、加曽利貝塚博物館蔵・写真提供　右〈深鉢　加曽利 B 式〉宮内井戸作遺跡出土、佐倉市教育委員会蔵・写真提供

左〈深鉢　宝ヶ峯式〉大湯環状列石出土、縄文後期、大湯ストーンサークル館蔵
鹿角市教育委員会写真提供　右〈山形土偶〉漆下遺跡出土、縄文後期
高さ 14.0 センチ、北秋田市教育委員会蔵・写真提供

〈合掌土偶〉風張(1)
遺跡出土
87 ページ参照

〈中空土偶、茅空〉
著保内野遺跡出土
111 ページ参照

〈深鉢　十腰内Ⅳ式〉風張(1)遺跡出土
縄文後期、八戸市蔵、八戸市埋蔵文化財
センター是川縄文館写真提供

りにびっしりと施した点（刺突文）や腰にぐるっとめぐらした鋸《のこぎり》の歯のような文様（鋸歯《きょし》文）がある土偶などが生まれた。

ハート形土偶はやがて頭の形が三角形の山形土偶に変化していく。ハート形土偶では極端にO脚だった脚が普通の脚に変化し、特徴的だったウエストの細さは維持され、グラマラスな体形になった。東北の土偶の影響を受けた刺突文や鋸歯文を持つ山形土偶も作られている。そして山形土偶はウエストの括れを維持しつつ、「ロケットパイ」とも称される豊かな乳房を失い、まんまるな目が施されたミミズク土偶に変化した。西日本では、それまでほとんどないと言ってよいほど土偶が作られていなかった瀬戸内地域および愛知県で土偶が生まれている。分銅に似ていることか

上〈注口土器　安行２式〉
福田貝塚出土、縄文後期
東京大学総合研究博物館蔵・
写真提供

左〈ミミズク土偶〉宮内井戸作遺跡出土、縄文後期、高さ 14.7 センチ、佐倉市教育委員会蔵・写真提供　右〈ミミズク土偶〉後藤遺跡出土、縄文後期、高さ 12.8 センチ、栃木県立博物館蔵・写真提供

左〈深鉢　八王子式〉八王子貝塚出土、縄文後期、西尾市教育委員会蔵・写真提供
右〈分銅形土偶〉八王子貝塚出土、縄文後期、高さ 14.0 センチ（最大のもの）
西尾市教育委員会蔵・写真提供

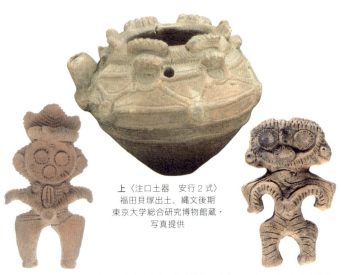

左〈注口土器　大洞Ｂ式〉是川中居遺跡出土、縄文晩期、八戸市蔵、八戸市埋蔵文化財センター是川縄文館写真提供　右〈遮光器土偶〉浜岩泉Ⅱ遺跡出土、127ページ

らその名が付けられた分銅形である。

晩期

いよいよ縄文時代最後の時期に入っていくのだが、この時期に遮光器土偶（127ページ）が生まれている。

北関東では後期の最後に生まれたミミズク土偶が継続して作られた。東北地方では、後期後半に作られた北海道の中空土偶のように、表面に黒色処理を施した土偶を原型としたとされる遮光器土偶が作られ始めた。そして遮光器土偶も時間とともに変化し、髪の毛を高く結上げたような表現が目をひく結髪土偶に変化していった。同時期に、全身に刺突文を施した刺突文

左〈皿　大洞 BC 式〉是川中居遺跡出土、縄文晩期、八戸市蔵、八戸市埋蔵文化財センター是川縄文館写真提供　**右**〈遮光器土偶〉恵比須田遺跡出土、127 ページ参照

左〈遮光器土偶〉鍜冶沢遺跡出土、縄文晩期、高さ 16.6 センチ
仙台市博物館蔵・写真提供
右〈遮光器土偶〉蒔前遺跡出土
縄文晩期、高さ 9.4 センチ
一戸町教育委員会蔵・写真提供

〈鉢　大洞 C2 式〉
是川中居遺跡出土、縄文晩期
八戸市蔵、八戸市埋蔵文化財センター
是川縄文館写真提供

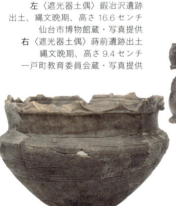

左〈注口土器　砂沢式〉砂沢遺跡、弥生前期、弘前市教育委員会蔵・写真提供
右〈結髪土偶〉鐙田遺跡出土、縄文晩期、高さ22.2センチ
湯沢市教育委員会蔵・写真提供

土偶や、顔全体に入墨をしたと考えられる有髯土偶(135ページ)が生まれている。

それぞれがユニークな造形をしているために、関連性があるとは想像しがたい面もあるが、大きな流れの中ではそれぞれの地域で影響を及ぼしながら新しい形の土偶が生まれていったことが分かる。もちろんその流れに当てはまらないものも数多く存在するが、土偶の流れに影響を与えているのが土器であることがお分かりいただけるだろうか。

1　本章は主に、原田昌幸『日本の美術　No. 345　土偶』至文堂、一九九五年、三上徹也『縄文土偶ガイドブック』新泉社、二〇一四年によった。またそれぞれの土偶に影響を与えた土器については、「土偶とその情報」研究会編『土偶研究の地平』全四巻、勉誠社、一九九七―二〇〇〇年参照。

15　天と地を繋げた絵師

——蓑虫山人の「笑う土偶」

蓑虫山人《みのむしさんじん》という名前を聞いたことがあるだろうか。

今でも熱心なファンを持つ蓑虫山人（一八三六—一九〇〇）は、幕末から明治を生きた漂泊の画家と言われ、各地を訪ね歩いては絵を描いた。当時の暮らしを細かに描いたその絵は、民俗学の貴重な資料でもある。

蓑虫が描いた絵にはじめて出会ったのは、『北の土偶——縄文の祈りと心』[1]いう図録だった。『蓑虫山人画記行』（一九一七年編集）のうち、一枚を目にしたが、何とも不思議なものが描かれていた。秋田県潟上市狐森遺跡出土の人面付環状注口土器で、名前のごとく環状になった土器に、頭頂の部分が大きく開いた顔がついていた。実物も掲載されていたが、実物

図1　絵日記より「舘岡村における遺跡発掘之図」
絵の中には下のようにある（『蓑虫山人と青森』青森県立郷土館編、2008年より転載）

舘岡村は西津軽郡屏風山の中程なる麓にて、岩木山の北三里に位し、七里長浜より東の方一里半の処にあり、村の内しこしく高地処ある、これを亀ヶ岡と言ふ、此岡より古代の土器古へより穿り出て其形さまゝゝあり、素焼にてさも古ふ見えける、さて此土地は如何なる人の住家ならんかしらねとも、古へ此岡は津波ふたゝひ出りし故、流水埋ミたるものありしや、書しるしたるものゝなけれは知るによしなし、たゝ人々の言伝てにのみありけり、こたひ明治十七年十一月初めかた、蓑虫仙人其処に足をとめ、其土器を得んと数多の人を雇ひ穿らせたるに、幸ひに得られしもの数ある中に人形ちのもの抔《など》は世に珍しきと人々悦ひいさみ、そを携ひ来て「古への人の姿をいまこゝに穿り得て見るや国のことふり」といふ歌を添て予に見せけるに、いかさま千年余りの物と思ハれ、又ことのはに其心の顕ていとゝゝ面白し、此種々の物を得らるゝも、偏に蓑虫仙人のよく古記を尋ねて新らしきを知るのみ心の貴きしものにこそ、よりて聊これを書しるしなん

いにしへを　したふ心の　まことより
埋もれし人も　世にあらハるゝ

山根の舎主　垢人

図２　絵日記より「亀ヶ岡土中ヨリ出ル所ノ土人形中高杉村山谷藤四郎蔵」個人蔵、青森県立郷土館写真提供

以上の力が絵の中の土器に宿っているように見えた。

　調べてみると蓑虫は、自分が蒐集したもの、他の蒐集家が所有するものなどの分け隔てなく、多くの考古遺物の絵を描いていた。そのどれもが、本当に遺物が好きなのだなと見る者に語りかけてくるような絵だった。

　そしてこれは想像に過ぎないが、蓑虫は、遺物の中でも土偶を好んだのではないか。通常、笑っている土偶などほとんどないのだが、彼が描く土偶は本当に、にこやかな表情をしている。描いている本人の気持ちが自然と土偶の表情に反映されていたのではないかと思えてならない。

　図1をよく見れば、崖の斜面には土器がゴロゴロと姿を現わしているではないか。鍬をふるって掘り出す男たちの様子を満足げに眺める人物こそ、蓑虫本人である。この絵に描かれているのは亀ヶ岡遺跡である。この遺跡の存在は江戸時代から知られており、蓑虫も東北を訪れるうちに、

佐藤蔀が所有していた土偶　東北大学大学院文学研究科蔵・写真提供

ここで発掘される遮光器土偶や亀ヶ岡式土器に魅せられていった。蓑虫本人も鍬を持っている様子が分かる。

図2は亀ヶ岡遺跡から掘り出された土偶と土面と思われる。一番左、後頭部の渦巻き文様の中に付けられた縄文もしっかりと描き込んでいる。真ん中、少し笑っているようにも見える土偶の表情がよい。左に見えるのは、佐藤蔀《しとみ》（一八五二―一九四四）が所蔵していた土偶で、亀ヶ岡遺跡出土とされている。これこそ、上の写真の土偶であり、当時は、山谷所蔵であったが、のちに佐藤の所蔵になっている。蓑虫が描いたものよりも現物の方が少し柔らかい印象がある。現物をじっくりと観察していることがよく分かる。

図3にはどっかりと座り、知人とお茶を楽しむ蓑虫が見える。笑い声が漏れ聞こえてきそうなほど、朗らかに笑う表情にこちらの頬もゆるむ。その背景には、多くの石棒や

図３　絵日記より「其の二」個人蔵、青森県立郷土館写真提供

図４　古陶図の巻物より「出自西津軽郡猫淵村」個人蔵、青森県立郷土館写真提供

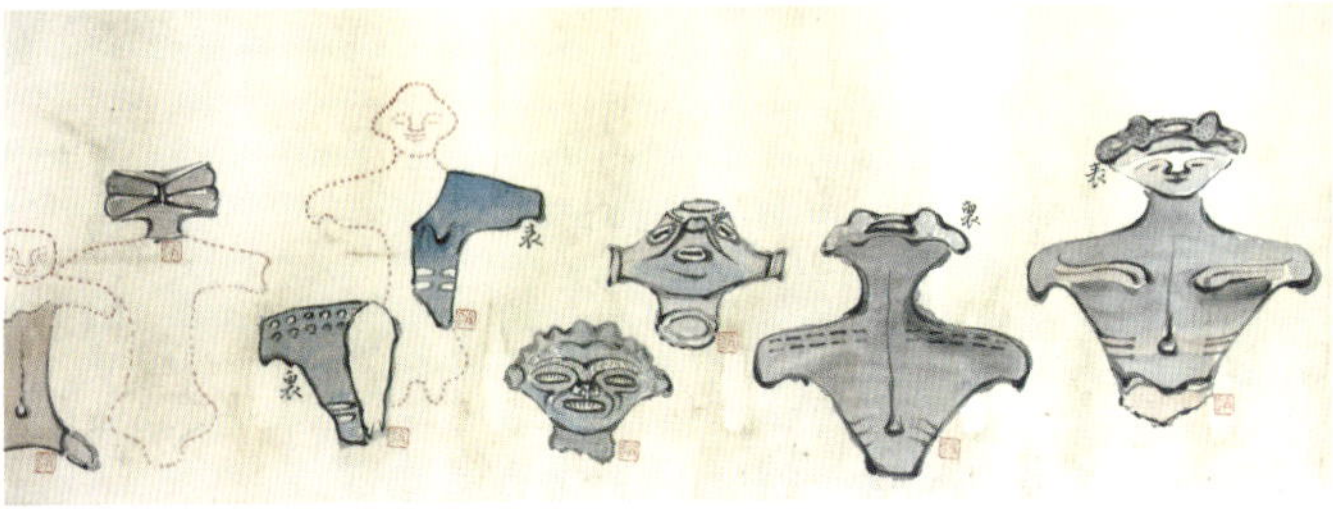

図５　古陶図の巻物より。個人蔵、青森県立郷土館写真提供

曲玉《まがたま》が描かれた絵、そして中央には、紙面一杯に伸びやかに土偶を描いた掛け軸が飾られている。腕の感じ、頭の感じを見ると、縄文晩期に作られた結髪土偶の類かもしれない。

亀ヶ岡式土器の特徴の一つに赤漆で彩色されているという点が挙げられる。図4では、その特徴をよく表わした浅鉢形土器が見える。文様部分にのみ彩色しているところに芸の細かさを感じる。その手前にある小さな壺形土器はまるでミニチュア土器のよう。文様の中にもきっちりと縄文を書き込むなど、どの土器文様も亀ヶ岡式土器の多様で複雑な文様の特徴をよく表わしている。右から二つ目には、片口形土器が見える。現在関西大学博物館に所蔵さ

〈片口形土器〉
関西大学博物館蔵・写真提供
図4右から2番目に見える

〈土偶〉関西大学博物館蔵・写真提供

れているこの土器は、その内側に黒漆が塗られていることが163ページの写真から見て取れる。この黒漆は、当時は塗られていなかった。蓑虫山人から神田孝平（一八三〇—九八、蓑虫と同郷、美濃国出身。啓蒙思想家であり、官僚であった）へ、そして本山彦一（一八五三—一九三二、大阪毎日新聞社元社長）の手に渡る間に、水漏れを防ぐ目的で漆が塗られたのだろうと考えられている。現状は欠けているように見えるが、蓑虫の絵によれば、当時は欠けることなく、完全な姿を保っていたようだ。

表だけでなく裏まで描き込み、またその他の土偶片から、蓑虫が想像した復元図が見えるのが図5である。このように、ある部分だけを見てその完成形を想像することができるのは、彼がいかに多くの遺物を見てきたかを物語っている。たくさんの遺物を見ているからこそ、「この腕や胸の感じは、あそこの土人形と同じだから、きっと頭にはぼこっとした瘤《こぶ》があって、右の腕も左と同じ長さで下に小さな突起があったに違いない」と

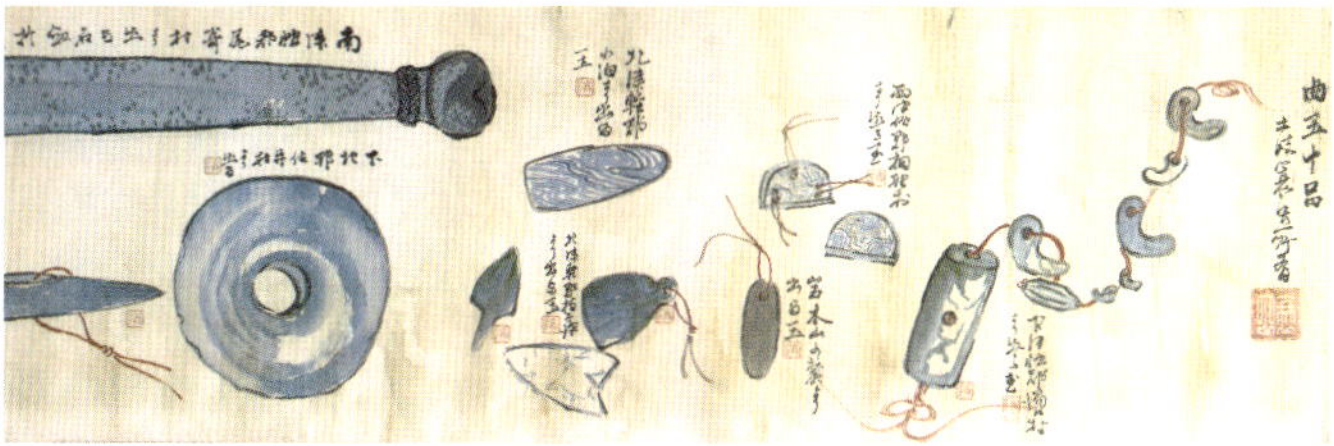

図６　古陶図の巻物より「曲玉十品　土岐蓑虫所有　中津軽郡湯口村より出る玉　西津軽郡相野村より出る玉　岩木山の麓より出る玉　北津軽郡小泊より出る玉　北津軽郡持子沢より出る玉」個人蔵、青森県立郷土館写真提供

いうようなイメージを持つことができたのだろう。現代の復元と同じような発想を彼が持っていたということなのかもしれない。イメージの土偶も皆、笑顔である。

図５の右、表と裏が描かれた土偶が、164ページの土偶である。これも亀ヶ岡出土と言われ、蓑虫山人から神田に渡り、そのコレクションに加えられたと思われる。絵の中の土偶は、現物よりも少し顔を正面に向けて描かれている。

図６では曲玉が描かれるが、むろん、出土した時は赤い紐などついていない。だが、この絵では赤い紐が結ばれ、使用方法を想像している。遺物をじっくりとさまざまな角度から観察した結果なのだろう。きっと蓑虫には、縄文時代の人々がこの曲玉を使用していた場面も浮かんでいたに違いない。

蓑虫は蒐集した遺物を後生大事にしまっておくのではなく、日常の暮らしの中に取り入れていた。いやむしろ、積極的に遺物に囲まれて暮らしていた、と言うべきかもしれない。考えてみれば、土器や土偶は縄文時代の人々がその日常で身近に置き、また使用して暮らしていたのである。蓑虫が土器に野花を生けていたように、縄文時代はそこに木の実を入れたり水を入れたりして、道具として使っていたのだ。遺物を暮らしに取り入れて、心から喜んでいる様子が、彼が描く絵からは伝わってくる。そして自分が楽しむだけでなく、他の人と共有したいという想いもあったのかもしれない。

蓑虫山人にかぎらず、江戸時代から知られた亀ヶ岡遺跡の遺物は「亀ヶ岡もの」と教養人に周知された古物だったとされている。[2] 明治、大正の旦那衆の嗜《たしな》みの一つに茶道があり、茶会がサロンのような機能を持っていた。その際に、亭主の趣向として古物が扱われたのだという。その珍しい造形は参加者たちの目を奪ったことであろう。それが、亭主の教養を誇示する道具として使われていたことにも納得がいく。江戸時代から明治時代の茶会記の道具見立て記録に亀ヶ岡ものの記載もあるという。

これほどまでに遺物を愛でた蓑虫山人とはどのような人物だったのだろうか。本名を土岐源吾といい、美濃国（現在の岐阜県）に生まれた。土岐源氏の流れを汲む名家で豪農であったが、父武平治の代で没落し、庶子であった蓑虫は、幼くして寺院に預けられたという。[3] 母の死後、十四歳の頃より諸国を放浪。亀ヶ岡遺跡では発掘を行い、その様子を手記にして報

図７　蓑虫山人自画像　讃麓米南、徳栄寺蔵、青森県立郷土館写真提供
讃には下のようにある（『蓑虫山人全国周遊絵日記　秋田編』1979 年より転載）

仙人姓土岐、名源吾。美濃の産なり。少壮の頃早く俗塵のいむべきを観じ、蓑虫と号して山間に入る。世人称して仙人となす。爾来四十有六年の間あまねく天下を周遊し、六十六洲足跡到らざるなしといふ。仙人博識にして画を善くし、常に風流韻士と交る。当国に遊ぶこと前後ここに三回、当年恰も六十歳、還暦にあたれりとて、笈を捨て、自画俏像一幅を添ひ、以て小林山徳栄寺に納めて去る。蓋し今世の業終ひたるの意なりと。抑も仙人の山野を跋渉するや常に此笈をはなたず、中にをさむる所のもの、利休居士の所謂茶飯釜の一あるのみ。到る所の山川風月、意に合すれば即ち之を開きて屋となし、自適悠々、あくことを知らずと。予、仙人と交り厚し。故に、聊か其略伝を録して笈之記となす。

明治二十八年乙未十月中浣

麓　米南識

告もしている。[4]
蓑虫山人は、「人間というものは古人も今人も何も変わったところはない。唯宇宙と連合し、宇宙の精霊と相通じると否とにあるのみである」と語っていたといわれている。[5] 各地を漂泊し、人と自然と触れ合いながら生きて来た蓑虫山人。どんな時代にあっても人間の営みは変わらず、ただ、自然の中で生きていくだけ、おのれを広い宇宙の存在の一つであると感じられるかどうかだけなのである。

1 北海道開拓記念館編、二〇一二年。
2 長谷川成一、村越潔、小口雅史、斎藤利男、小岩信竹『青森県の歴史』山川出版社、二〇〇二年。
3 『蓑虫山人と青森』青森県立郷土館、二〇〇八年。
4 神田孝平『陸奥瓶岡ニテ未曾有ノ発見津軽箕虫翁の手柬』東京人類学会報告二巻一六号、一八八七年六月。
5 高橋哲華『蓑虫山人』洋々社、一九六七年。

16　お預かりするという思想

――辰馬悦蔵と西宮文化

文化財行政が今のように確立される以前、自分の興味や欲望の赴くままに蒐集するのとは異なって、別の理由から考古遺物を蒐集し続けた人がいた。西宮で酒造業を営む「白鷹」三代目当主辰馬悦蔵（一八九二―一九八〇）である。

悦蔵は京都帝国大学で考古学を学び、卒業論文は玉類についてまとめている。後に、悦蔵が書いた答案用紙を見た考古学者の坪井《つぼい》清足《きよたり》（一九二一―二〇一六）が「辰馬さんの字は非常に真面目な、生真面目に書いておられたものでして、性格がよく出ていました」と語っている。悦蔵は、できることならば考古学の道に進みたいと思いながらも家業を継いだ人物である。

悦蔵は阪神間の旦那衆の嗜みの一つとして古物の蒐集を始めている。もともと考古学の素養があったこともあり、縄文時代の土器、土偶、石器類などから歴史時代のものまでを広く蒐集した。中でも群を抜いて素晴らしいコレクションは、先輩後輩として付き合いがあった梅原末治（一八九三―一九八三）から散逸が始まっているとその現状を聞かされていた銅鐸《どうたく》である。梅原の話を聞いて憂えたのだろう。悦蔵は、みずからの研究資料としてはもちろんのこと、資料の散逸、海外流出を防ごうと、私財を投じて積極的に銅鐸の蒐集を始めた。考古遺物全体で台帳に記録されているだけでも三一三件。実際には石鏃《せきぞく》など細かい遺物を一つの袋に入れて一件としているため、実数はこれの二、三倍の数にのぼるとされる。土偶はパーツも含めると三〇点ほどを数え、完全な姿をしたものも四、五点ある。

情の問題

辰馬考古資料館に現在収蔵されている遺物は、どのような経緯で蒐集されたのだろうか。多数収蔵されている資料の一つとして、亀ヶ岡式土器や遮光器土偶がある。購入にあたっては悦蔵宛、骨董商からの手紙も残っており、家業で多忙を極めていた悦蔵に対して、他にも購入に向けて動いている人がいることを告げている。この骨董商に信頼を置いていたとのことである。

逆に手放す立場にあった所有者は、資料のまとまりがある程度分かる仕方で受け入れてくれる人を探すことがあったという。茨城県椎塚貝塚から出土している注口土器などは、横浜の歯科医であった高島多米治から滋賀県長浜に暮らした下郷傳平に渡っているが、戦後、そのコレクションの整理を下郷が始めることになる。この時、台帳の製作は京都大学考古学研究室に委ねられた。小林行雄（一九一一―八九）の指揮の下、進められたが、このようなつながりから梅原が前述の土器の購入を悦蔵に薦めたとされる。ある程度一括して資料を受け入れてくれる先として、大阪歴史博物館、天理大学附属天理参考館、そして悦蔵の名前が上がったのだという。こうした事情で辰馬考古資料館に収蔵されている資料も少なくない。

このように、悦蔵本人の意向により積極的に蒐集された銅鐸以外に、情の問題によって購入することがあった。この人ならば遺物の価値を正しく理解し、大切に保管してくれるだろうという、研究者、そしてコレクター同士が共有していた遺物に対する想いがそこには込められていた。悦蔵や下郷のように、私財を投じて考古遺物、そして日本の文化財産を守っていくという気概のある蒐集家たちがいたことに、私は驚きを隠せなかった。蒐集とは、非常に個人的な嗜好だと思っていたからだ。そしてこのような振る舞いは、悦蔵に限ったことではなかったようだ。

当時、関西の蒐集家が共有していた考え方を、辰馬考古資料館の青木政幸さんが教えてくれた。

阪神間にコレクター系の博物館がいくつかありますが、辰馬悦蔵個人の特性だけではなく、彼ら蒐集家に共通しているのは「お預かりしている」という意識が強かったということです。自分が買った、自分が集めたという意識ではなく、少なくとも、今の代は私がお預かりしている、管理しているという意識が彼らの中にはあったようです。

〈注口土器〉椎塚貝塚出土
縄文後期、高さ 22.3 センチ
辰馬考古資料館蔵・写真提供

同じ兵庫県にある白鶴酒造七代目の嘉納治兵衛は中国青銅器、陶磁器を積極的に蒐集し(白鶴美術館)、実業家であった黒川家の二代目、黒川幸七は日本刀の素晴らしいコレクションを作り上げていた(黒川古文化研究所)。その皆に共通していたのが、私財を投じて購入した遺物を「お預かりしている」という意識だったという。

〈土製獣〉　縄文後期、椎塚貝塚出土、高さ 4.3 センチ
辰馬考古資料館蔵・写真提供

〈土偶〉　岩手県二戸市奥山、縄文後期、高さ 5.5 センチ
辰馬考古資料館蔵・写真提供

蒐集したものは、けっして薄暗い蔵の奥深くにしまいこんで秘蔵するのではない。悦蔵であれば、その遺物を、彼自身が設立に寄与している歴史、考古学系の勉強会「西宮史談会」（現、西宮文化協会）で披露し、遺物を挟んで同志と対話を重ねた。そうすることで、蒐集した資料は他の人にも共有され、情報として残されていく。悦蔵本人の銅鐸研究の一環とはいえ、史談会で披露することは、蒐集した遺物を活かすことであり、今の代に縁あってお預かりしている自分が、それを次の代へと繋げていくために果たすべきことなのだと考えていたのかもしれない。前述した青木さんの話からも、悦蔵の周囲の蒐集家たちも同じような想いを持って蒐集していたと推測される。

そして何らかの理由により、自分の手元から離れていく時には、然《しか》るべき人に譲り渡す。蒐集するものはそれぞれ違っていたとしても、関西に暮らす蒐集家同士がゆるやかな連帯を持ち、文化を守り続けた豊かな時代だった。

土偶修復の痕跡

さて、彼が蒐集した中に非常におもしろいものが二つある。再修復を行なった遮光器土偶、そして銅鐸コレクションのうち、二割強をしめるという花器に改変された銅鐸である。

この遮光器土偶の所蔵者であった工藤祐龍《くどうゆうりゅう》は、坪井正五郎らによって結成された東京人類学会に所属し、亀ヶ岡遺跡から発掘された遺物について報告を寄せている。その一つ、工藤が書いた遮光器土偶のスケッチを見ると、現在の姿とは胴部の前後が反転している。この土偶は、遺跡からは首が割れた状態で出土しており、胴部に描かれた直線を工藤は背骨だと判断し修復したのだろう。当時はそれで正しいとされた。しかしその後、研究が進み、背骨だと思われていた直線は妊娠を示す正中線ではないかと見解が改められるようになる。そして、前後が間違っていたことが分かった。現在は付けられていた首を外して再度修復し、176ページのような姿になったという。遮光器土偶として珍しい容姿にも目を見張るが、研究史を示す土偶として貴重な所蔵品である[2]。

花器になった銅鐸からは、遺物が茶道、華道と出会うことで、当時の文化人が遺物に新しい価値を見出していった様子が窺える。釣手がばっさりと切り落とされ、底板を入れた後、そこに剣山が置かれ花が生けられた。花器は床の間に飾られ、明治の文化人の間で人気があったという。

美的にバランスがとれたものであったとはいえ、私には無惨に思えてならない銅鐸を、淡々と集めた悦蔵。青木さんの話によれば、本人はあまり気にしていなかったのではないか

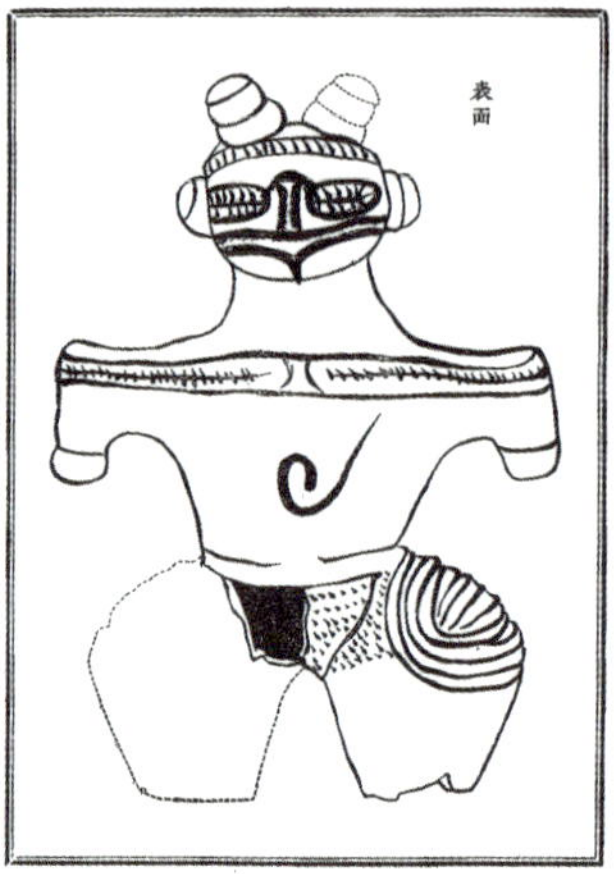

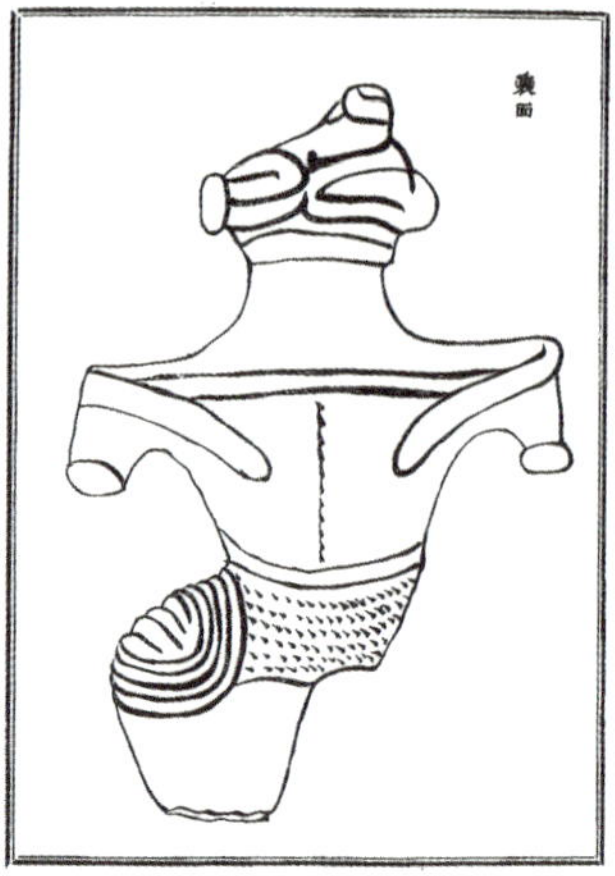

〈遮光器土偶〉亀ヶ岡遺跡出土、縄文晩期、高さ 18 センチ、辰馬考古資料館蔵・写真提供。前所蔵者である工藤祐龍は『東京人類学雑誌』に報文を寄せている。スケッチ（左・表面、右・裏面）を見ると、胴部の表裏が反転していることが分かる

〈流水紋銅鐸〉出土地不詳、高さ42.5センチ、辰馬考古資料館蔵・写真提供

という。そのような姿になっていても、銅鐸として見ていたのだろうと。改変されていない部分に銅鐸としての価値を見出し、現状をそのまま受け入れた。それは当時の人々と遺物がどのように関わったのかを、後世に残す資料にもなっている。記述が残されていないため真相は分からないが、よいものだけを集めるのではなく、縁あって自分が預かるべきと判断したものについては、何でも引き受けたところに、蒐集家としての姿勢が見て取れる。

悦蔵は一九五〇年代を最後に、蒐集を終えた。文化財保護法が施行され、流通する遺物が減ったこともある。それとは別に、文化財行政が確立し、博物館や自治体によって文化財が適正な形で守られるのであれば、自分が果たす役目は終わったと察したのだろう。そして最後の仕事として、蒐集した遺物をより社会に還元するべく辰馬考古資料館の設立に動き出すのである。これは、時代の変化に柔軟に対応していただけでなく、関西の文化を支えた旦那衆が身に付けていた作法であり、振る舞いだったのではないかと青木さんは話す。

1 『酒庫器物控』辰馬考古資料館、二〇〇五年。
2 『縄文遺跡探訪』辰馬考古資料館、二〇〇二年。

17　日本にはピカソが何人いるのか

――縄文の国宝が誕生するまで

国宝に指定された五体の土偶が一堂に会したのは、二〇一四年（平成二十六年）十月十五日から十二月七日まで東京国立博物館で開催された「日本国宝展」の時であった。会期中、国内はもとより海外からの旅行者も含めて三〇万人以上の来場者があったという。

豪華絢爛《けんらん》な国宝を見ながら進み、最後に待っていたのが五体の国宝土偶たちだった。他の国宝が醸し出す、どこかピリリとした空気とはまったく違う、穏やかでゆるやかな空気が展示室を包む。五体の土偶には多くの人が見入り、皆、思い思いに土偶を見つめ、時を過ごしていた。そしてミュージアムショップでも土偶コーナーの前に人だかりができ、実際、土偶グッズの売り上げはダントツだったという。

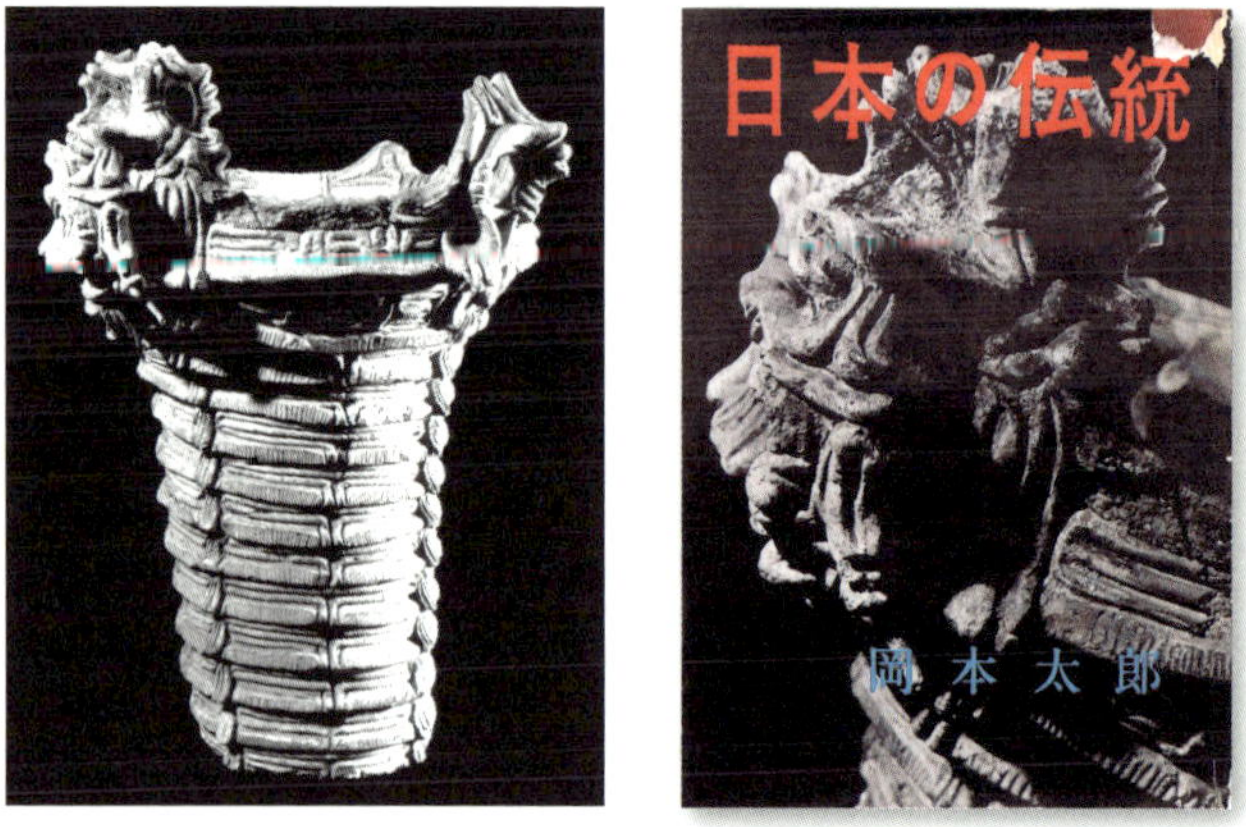

岡本太郎『日本の伝統』光文社、1956 年。
表紙に使われたのは、富山県出土の縄文中期の土器だった。撮影、岡本太郎。
現在は、東京大学総合研究博物館に所蔵されている。岡本太郎記念館協力

しかし土偶がこのように、国宝として多くの人々にそのチャーミングな姿を見せることができるようになったのは、実はそう遠い話ではない。

土肥孝さんは文化庁文化財保護部美術工芸課（現、文化財部美術学芸課）に着任した際、奈良県国立文化財研究所所長を務めた坪井清足から「文化庁にいる間に、一つでいいから縄文の国宝を作れ」と言われたという。その時、坪井所長は土肥さんに多くを語らなかった。どれを国宝にするべきか、土偶が先か、土器が先か。しかし土肥さんはその意思を引き継ぎ、一九九五年、縄文時代に作られた遺物をはじめて国宝にした。縄文のビーナスが国宝になった瞬間である。

果たして国宝の土偶はどのようにして誕生

するのだろうか。今回は特別にご本人からお話をお聞きすることができた。

遺物を見る二つの目

まずは具体的にどのような経緯を辿って、国宝が決まるのか見てみよう。

年間三—五つほどが国宝に指定されるが、それらはまず重要文化財に指定されることが第一関門となっている。そのために各都道府県の担当者から候補を挙げてもらう。そして文化庁はその資料を検討する。文化庁が主導して選定を行っているわけではないのだ。ただし、文化庁が把握している素晴らしい遺物が、何らかの理由により候補として上がってこなかった場合、都道府県に働きかけることはあるという。そして重要文化財に指定してから五年から一〇年ほど様子を見る。間違いはないか、新しいものが出る可能性はないかなど、その遺物の評価を確かなものにしていく時間が必要なのである（土肥さんは「曝す」という表現を使った）。ちなみに縄文のビーナスは五年間様子を見て国宝に指定されている。

そして考古資料が実際に国宝に指定される際にポイントとなるのが、遺物の発掘状況をまとめた報告書だという。

どこからどういう状態で出土しているか、その記録があることが考古の国宝の基本です。その中で一番よいものを国宝にしていく。考古学の人間からすれば、形がよいからといってすぐに国宝になるということはありません。

この「どこからどういう状態で出土しているか、その記録があるか」は実は簡単なことではない。考古学では不時発見と言い、発掘調査で見つかるものばかりでないからである。この難関を関係者の努力の賜物によって乗り越え国宝になった土偶がある。北海道の中空土偶、茅空である。104ページで見たとおり、この中空土偶は一般の家庭菜園から偶然見つかったもので、土偶の発見をきっかけに周辺地域の調査が徹底的に行われた。

その後再調査した元函館市縄文文化交流センター館長、阿部千春さんが失われていた中空土偶の両腕を探すため、現場の土をすべて篩にかけて調べるなど、必死になって調べ上げたのだという。その結果、腕は発見された場所で割られたものではなく、当時、他の場所で割られた後、埋められたのだと確認することができた。中空土偶は偶然の発見ではあったが、その後に徹底的な調査を行うことで、どこでどのように出土したのかをしっかりと報告書としてまとめ、発掘と同様に扱っていいと判断されたのである。これを国宝指定の資料として添付し審議がなされた。

このように、学術的な観点から価値があると判断される一方で、私たち国民が「これが自分たちの誇るべき財産だ」と納得できるものである場合にはじめて国宝として指定されるのだということも伺った。端的に言えば、その姿形も重要になってくるのだ。しかし、縄文時代の遺物に関しては、事情はそんなに簡単ではなかったようだ。土肥さんは、「以前は、文化庁や文部省では縄文の遺物は国宝には当たらないと考えられており、そこまで素晴らしいものだという認識はありませんでした」と話し、次のように続けた。

縄文を美術として考えた人物ということで言えば、中期の土器を初めに評価した岡本太郎の存在に行き当たります。しかし彼は中期の土器は評価したけれども、それ以外については何も言っていません。彼の目に素晴らしいと見えたものだけを評価したのです。とはいえ彼がはじめて縄文の遺物を美術として扱ったことは事実です。他方、私が文化庁に着任した当時、文化庁や文部省（現、文部科学省）は縄文の遺物に対して美的だという考え方を一切持ち合わせていませんでした。彼らは、あくまでも発掘された研究資料として捉えていたのです。

この二つの考えを目の当たりにして、私は、考古学が一つの学問である以上、その学問に

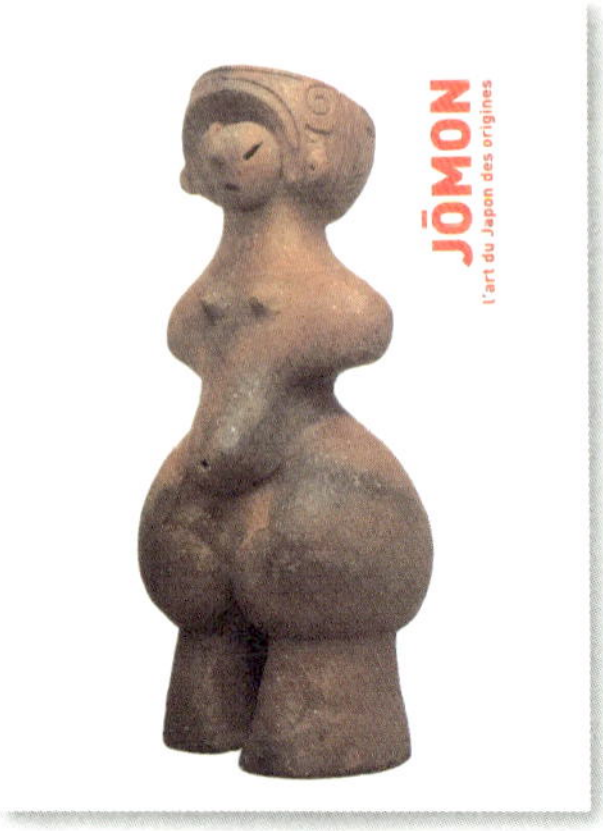

パリ日本文化会館、スミソニアン博物館で行われた展覧会の図録

基づいて、縄文の遺物を文化財に指定していくという方針をとりました。着任早々、私は考古学の分野のものであっても同時に、当時の人々の心が体現されている美術として見たいんだとはじめて周囲に話をしました。しかし、これは当時、よほど新奇な考えだったのか、みんなに笑われました。あんなものは美術として見るものではないと。それは、文化庁の調査官たち、そして同時に考古学研究者の標準的な見方でした。考古学は型式で見ていくものだと。でも、考古の資料として美的に判断していく、その必要性を感じていました。

私のような研究者以外の人間にしてみれば、縄文の遺物は研究資料であると同時に、鑑賞の楽しみを与えてくれるものであり、その時代に近づくための一つの手がかりである。しかし、プロは違う。鑑賞の対象ではなく、あくまで研究のための資料である。そんな逆風が吹き荒れる状況から、どのようにして国宝まで導いたのだろうか。

土肥さんは縄文の遺物を海外に持っていく作戦に出た。文化庁に入って最初にベルギーでの展覧会に関わり、その際に土偶を展示することにした。展覧会は好評を博し、フランスやイギリスからも土偶を見に人がやって来たと言う。

ベルギー人やフランス人は、「日本にはピカソが何人いるんだ?」とそう言いました。私はこの言葉に驚かずにはいられませんでした。彼らは一つ一つの土偶を同じようには見ていない。一つ一つ違う。ピカソが何人いるのかという言葉で、彼らの見方を理解しました。その時、外国の人々は土偶が素晴らしいとすでに分かっていたんです。

海外の人々は土偶を頭で理解しようとしたのではなく、その造形から伝わるもの、感じられるものだけで評価しようとした。岡本太郎と同じように、ただ純粋に造形を味わったのである。何とも複雑な心境になるが、遺物を研究資料として見ている日本の研究者との違いがそこにあるのかもしれない。こうして、学術的な側面と美的な側面を周知させていったことは、現在、国宝に指定されている六点の縄文の遺物の存在が示している。

「一般的に国宝になる時には、縄文の専門家だけが評価するわけではありません。文化庁の調査官は八〇人いますが、彫刻や絵画等の異分野の専門家も含めて、全員が評価をしなければなりません。すべての委員が認めてはじめて国宝になります。首尾よくいかないこともあるのですが、それは表には出ません。評価がされた場合のみ答申が出ます」

と、審議の様子を教えてくれた。

仮面の女神（66ページ）のように、出土した時から国宝候補だといわれるような遺物も、このように専門家以外の人たちにも学術的、美術的価値を認めてもらうことで、はじめて国宝になる。これは少々意外だったが、考えてみれば、国民共通の宝である以上、誰もがその価値を認めるものでなければならず、専門家だけが評価したものでは意味がない。これに関連して、土肥さんからこんな話を聞いた。


土偶を認めたのは、私たち専門家ではありません。一般の人たちです。外国に持っていけば、その土地の人が評価してくれた。それを日本に持って帰ってきたら、日本の人たちも納得してくれました。

ということは、審議委員だけでなく、一般の人々の声も国宝認定を左右するのだろうか。

そうでなければいけないというのが私の考えです。専門家だけがいいと言っているものが認められても仕方ありません。縄文のビーナスのようにみんながかわいいと言っているものこそ、国宝になるべきなのです。

発見されたその土地で

こうして国宝になった土偶たちは、地元で展示され、地域に経済的な効果をもたらしているが、実はこれも国宝指定に先立って、地元の担当者と話し合いがなされるという。

「〈国宝も重要文化財も〉地元に置いてほしいということです。考古の遺物については、地元にあって、地元の人が見られるようにしてほしい。地元で大事にされてこそ、国宝です。発掘されたものはその発掘された土地の一番近くで見せるというのが、私が考古学をやる時の基本的な考えです。茅野市も「国宝になるのであれば博物館を作ります」と言って、博物館ができました」

ここで再び思い出されるのが、北海道の中空土偶である。中央に持っていかれてはならんと、町を挙げて運動が起こった（104ページ参照）。実は文化庁がたびたび声をかけていたのは、物理的に保管し、展示する場所がないということに原因があったのだという。よいものだから中央に置きたい、ということばかりではなかった。では、そのような保管場所がない場合はどうなるかといえば、かつては一番安全な保管場所として東京大学と東京国立博物館が信頼され、東京大学は考古資料を、東京国立博物館は美的なものを預かる場所になったのである。

きちんと展示される場所の建設を促し、なんとか文化庁にいる間に縄文の遺物から国宝を作ろうとした土肥さんが興味深いことを語ってくださった。

「国宝だとか重要文化財だとか言っても、考古では、それらはみんな掘って出てきたものです。掘って出てきたものに対して、いいものかどうか、私たちが判断したに過ぎません。それを触ってはいけないと祀り上げてしまうことに私は反対です。国宝にならなければ触れたよねという話になってしまう。こんなことを言うと冗談のようですが、国宝にしないでくださいというのもありました。研究者として見たいものであれば、重文にもしてくれるなという話になるのは当然です」

国宝は国民共通の宝であり、出土した地域の財産である。しかし同時に、研究者にとっては研究資料が手の届かない存在になることを意味している。遺物は触ることで伝わる情報も多く、それができなくなれば抜け落ちる情報が出てくることを意味する。大きな文脈で捉えれば、私たちもその遺物の真の姿から遠ざかってしまう。

最後に、今後も縄文遺物の国宝指定は増えていくべきか、土肥先生に尋ねることにした。

個人的には次は土器でもいいのではないかと思っています。土偶ばかりやっていると飽きられてしまいますからね。

土器の国宝は沸き立つエネルギーが爆発したような新潟県笹山遺跡の火焔型土器のみである。次にどんな遺物が国宝になるのだろうか。楽しみに待ちたいと思う。

おわりにかえて

――土偶に惹かれるのに理由はいらない

もともと私が土偶に興味を持ったのは、造形の素晴らしさと不可思議に魅せられてのことだ。知識はなかったが、出会った瞬間に、その力強い姿に心が鷲摑みにされた。土偶に惹かれるのに理由はいらない。私にとっては背景にある情報よりも造形がすべてだった。ということは、土偶について詳しい情報を持ち合わせていない人でも、土偶に心奪われることはあるのではないか――。

実際、土偶が好きな子どもは多い。博物館で展示されている土偶の前で「かわいいね」などと話をしながら熱心に鑑賞する幼い姉妹がいるという話や、好きな理由を言葉にして伝えることもままならない子が、一歳半の頃から土偶のフィギュアを集めているという話も聞いた。あるいは、原始美術の人気が高い海外の人々の方が、直感的に何かを感じ取るのではないか。

二〇〇九年、大英博物館で「The Power of Dogu」という企画展が開催された。その展示を主導したサイモン・ケイナー（イギリス・セインズベリー日本藝術研究所考古・文化遺産学センター長）によれば「大英博では、美術品としての側面を強調して展示することを心がけた。来館者の調査では、縄文のビーナスなど国宝の人気が高かった」（「土偶の魅力を欧州に——英のケイナー博士、尖石縄文文化賞受賞」「朝日新聞」デジタル版、二〇一〇年十一月二日）という。そしてこの会場では、日本のアニメの中に登場する土偶と合わせて、実物を見せていくという特徴的な展示の方法も一部で採用されていた。なんて斬新な方法なのか。異文化の、それも先史時代の文化に対する敷居を下げるために、海外でもファンの多い日本のアニメと合わせて見てもらおうと考えたのだろう。実際、これが大いに成功したのである。

二〇一二年、ミホミュージアム（滋賀県甲賀市）で開催された「土偶・コスモス」展の講演会でも印象的な話を聞いた。その審美眼に定評はあるものの、厳しい評価をすることで知られる「メトロ」紙のアートレビューでは、「The Power of Dogu」がぜひ見るべき展覧会として五つ星を獲得したという。その記事の影響か、大英博物館の中では目立たない場所での開催だったにもかかわらず、九月一〇日から十一月二二日の開催期間に七万人が大英博物館に足を運んだ。
この話は私の心に衝撃を与えた。と、同時にとても晴れがましく、そして改めて土偶の底知れぬ力を感じたのである。一目で私が虜《とりこ》になってしまったように、土偶は遠くイギリスの地でも多くの人々の注目を集めていた。その魅力に惹き付けられるのは日本人だけではないことが証明されたと言っていい。言葉も生きてきたバックボーンも関係ないのである。

さて、土偶、そして縄文時代に魅了された海外の研究者に、イローナ・バウシュさん（東京大学大学院特任准教授）がいる。彼女は子どもの頃、ハリウッドで製作され、母国オランダで放送されていたテレビドラマ「将軍 SHOGUN」を見て、日本文化はなんて神秘的でおもしろいのだろうと思ったのだという。そして一九八七年、ライデン大学に入学してすぐに受けた歴史の授業で縄文文化にはじめて触れることとなった。

歴史の講義でも、日本の考古学については一五分ぐらいしか話はありませんでした。また当時は映像などなくて、教授の話を聞くだけだったのですが、おもしろそうだなあとたくさんの質問が頭の中に浮かびました。その頃はまだ、オランダでは日本の縄文時代についてはほとんど知られていない時代です。狩猟採集で土器がある、土偶があると聞いたけれど、画像がないからどんなものか見たくても見ることができない。もっともっと縄文時代について知りたい。古墳も弥生もおもしろいと思ったけれど、自分の中で一番質問が浮かび、神秘的だと思ったのは縄文時代でした。


こうしてイローナさんは二十歳の時、長崎大学とライデン大学が結んだ交流プログラムを使って、日本に一年間留学した。留学中、九州から北海道の遺跡をめぐる三週間の旅をしていた時のこと。東京国立博物館を訪れ、そこではじめて土偶に出会ったという。

「私は土偶を見た瞬間、恋に落ちました」

これが歴史の先生が話していた土偶なのかと彼女は感激した。これまでも本を購入し、写真は見ていたが、本物は全然違っていたという。

「この時に、自分の卒業論文のテーマは日本の考古学にしようと決めたのです。見た目がとにかく神秘的でおもしろい土偶でやろうと決めたのです」

彼女が言う「神秘的」とはいったいどういうことだろうか。


やっぱり分からないということなのだと思います。そして実物を見れば見るほど感動して、もっと土偶について知りたくなるのです。東京国立博物館ではじめて土偶を見た時に、神秘だけでなく、すぐに縁を感じたのです。

こうして彼女はいったんオランダに帰国するものの、卒業論文のテーマを釈迦堂遺跡群に決め、再び日本の地を踏むこととなる。テーマとした釈迦堂遺跡群はもちろんのこと、秋田県の縄文後期の白坂《しろざか》遺跡で発掘しながら中期と後期、そして地域によって生じる遺跡の違いを肌で感じ、経験を重ね、知識を深めていった。彼女は言う。

土偶の神秘性にはいろいろな解釈があって、研究を続ける中で、はっきりとは何も言えないと分かりました。

その後、彼女の研究は、土偶の見た目の神秘性から、より縄文時代に踏み込んだ社会的な問題へと移行している。それはアイデンティティを示すと考えられる入墨や抜歯などの現象や、玉や琥珀を使った遠隔地との交易によって作られた人的ネットワークによる互助体制の仕組みなどを指す。どれも分からないことが多いが、このような研究を通して、一万年という長い時代をそれぞれの方法で生き抜いた縄文人たちの多様性を考えることがおもしろいのだと彼女は言う。多様性の問題が、現代の社会にも光を投げかけていることも語ってくれた。

土偶とはいったい何だったのだろうか。一般的に土偶は妊娠した女性を表わしていると考えられている。しかしそれでも、土偶には大きさや造形の表現方法、地域、環境、時代、精神性などさまざまな要素が複雑に絡みあう。さらに、一定の規律がありながら、その上で作り手の意図を反映することができることもここまで見てきた。

相谷熊原土偶のように、余計なものを削ぎ落としながらも豊満な乳房と見事な括れを持つ姿に、私は日本最古の芸術を見る。この稀有な存在は、対面した人々の心の中にするりと入り込む。縄文人たちの自然への祈りと生への渇望が、滲み出るような温かな愛の空気を生むのであろうか。それはどんな時代、どんな人でも持ちうる感情であるからこそ、土偶を前にした人を包み、心のうちと共鳴するのだろうか。

ただ造形に惹かれて土偶の世界に足を踏み入れた私であるが、博物館や考古館に展示されているものだけではなく、立派な収蔵庫に大切に保管されている土偶を拝見したこともあれば、廃校を利用した小さな資料館の片隅で土偶に出会うこともあった。しかしどんな土偶も、毎回新しい発見と驚きと胸の高鳴りを与えてくれた。だから土偶からは離れられない。

多くの土偶と出会うことで、その作り手であった縄文人たちの心を少し想像できるようになった。国宝に指定された素晴らしい造形をしたものばかりが土偶ではない。子どもが作ったのかと思うような、小さくてやや間の抜けたものの中にも人の温もりとユーモアを感じた。さまざまな土偶の特徴が取り込まれたものを見れば、その地が人々の交流の場所だったのではないかと想像することもあった。

彼らは誰を思い、どんなことを祈るために土偶を作り続けたのか。土偶を通して彼らの心に触れてみたい。いつしか私はそんなことを思うようになっていた。それは、時代を超え、人類の繋がりと可能性を感じる時間だったのかもしれない。また、人がもともと持っている驚異的な感性と表現力を目の当たりにして、その力が少なからず自分にも受け継がれてきているのだと、未知なる能力を思い、うれしくなったりもした。

土偶にはそれぞれ物語があったのだろう。それは土を捏ね、一つずつ手作りし、縄文人の想いを込めた分身のような土偶たちだった。きっとまだまだ土中深く眠っている土偶もいることだろう。まだ見ぬ土偶、そして縄文人の心に出会うため、私は旅を続けていく。

二〇一七年一月

譽田亜紀子

本書を記すにあたり、多くの研究者、学芸員の皆様にさまざまにご指導、ご教示いただきました。記して感謝申し上げます。

滋賀県教育委員会、大崎哲人様、茅野市尖石縄文考古館、山科哲様、釈迦堂遺跡博物館、一瀬一浩様、山形県埋蔵文化財センター、黒崎雅人様、山形県立博物館、押切智紀様、福島市教育委員会、新井達哉様、南アルプス市教育委員会、保阪太一様、北杜市教育委員会、佐野隆様、是川縄文館、小久保拓也様、熊野聡美様、じょーもぴあ宮畑、堀江格様、函館市教育委員会、福田裕二様、國學院大學栃木短期大学、中村耕作先生、富山県埋蔵文化財センター、高梨清志様、青森県立郷土館、太田原慶子様、関西大学博物館、山口卓也様、辰馬考古資料館、青木政幸様、国際縄文学協会、土肥孝先生、國學院大學博物館、石井匠様、東京大学大学院特任准教授、イローナ・バウシュ先生に心からの謝意を表します。またここには記すことはいたしませんが、各地の教育委員会、埋蔵文化財センター、さらに各博物館の皆様には、貴重な写真の掲載をこころよくお認めいただきました。

親身になってご指導くださいました監修者の武藤康弘先生にもお礼申し上げます。

みなさま、ありがとうございました。

読書案内

- 甲野勇『日本原始美術 2　土偶・装身具』　講談社、1964 年
  3000 部限定の大型本。近年発見された土偶は掲載されていないが、1964 年までに見つかった有名な土偶はほとんど網羅されていると言っていい。図版が大きく見応えがある。装身具についても必見である。
- 水野正好『日本の原始美術 5　土偶』　講談社、1979 年
  まえがきで「考古学でもなく、民族学でもなく、宗教学そのものでもない。そうした多くの世界に彷徨した私の、私なりに得た一つの解釈であり、語りである」と記された通り、独自の視点で土偶について語っている。読み手によっては少し考古学から離れすぎていると感じる面もあるだろうが、著者の解釈を楽しめる一冊。
- 宗左近『私の縄文美術鑑賞』　新潮選書、1983 年
  自身も縄文遺物を蒐集していた詩人による縄文時代の解釈をまとめた一冊。土器の模様に指を這わし、土偶を日頃鑑賞する中で、心で感じた宗左近的縄文論。
- 小野美代子『土偶の知識』　東京美術、1984 年
  柔らかな語り口で、土偶の系譜から変遷、そして岩偶や角偶などの類似の遺物についても解説している。日本周辺の土偶としてインド・西アジアの土偶も取り上げ、少数ではあるが、海外の土偶に触れることが出来る。
- 国立歴史民俗博物館『国立歴史民俗博物館研究報告第 37 集　土偶とその情報』　1992 年
  各都道府県別に土偶の情報がまとめられ、土偶研究者のバイブルと言ってよい。研究報告書ではあるが、各地の土偶について詳しく知りたいという方には必携の書である。
- 原田昌幸『日本の美術 No. 345　土偶』　至文堂、1995 年
  土偶の解釈、時代の解釈についてさらに知りたいという人にはぜひおすすめしたい一冊。その後、『日本の美術　土偶とその周辺』（全二冊）も出版されている。
- 小林達雄・藤田富士夫・冨樫泰時・西本豊弘・春成秀爾・松井章・山田昌久『縄文時代の考古学』　学生社、1998 年
  土偶だけでなく、環状集落、配石遺構、黒曜石など縄文時代に関するさまざまなキーワードについて縄文研究の専門家が語り合った記録。専門家同士、同じものを見てもまったく異なる意見があり、それを読むだけでもおもしろい。
- MIHO MUSEUM『土偶・コスモス』　羽鳥書店、2012 年
  撮り下ろしの土偶の写真ページだけでも楽しめるが、種類、出土状況、出土点数、大きさ、壊れ方、色彩などに分類し、各地のデータを掲載している。ビジュアルと情報のバランスがいい。
- 三上徹也『縄文土偶ガイドブック』　新泉社、2013 年
  現役高校教諭による親しみやすい言葉で書かれた土偶解説本。特に第三章「土偶の謎」は独自の切り口で楽しめる。

譽田亜紀子（こんだあきこ）

岐阜県生まれ。京都女子大学卒業。奈良県橿原市の観音寺本馬土偶との出会いをきっかけに、各地の遺跡、博物館を訪ね歩き、土偶の研究を重ねている。またテレビやラジオに出演するかたわら、トークイベントなどで、縄文時代や土偶の魅力を伝える活動を行う。著書に『はじめての土偶』（二〇一四年、世界文化社）、『にっぽん全国土偶手帖』（二〇一五年、世界文化社）、『ときめく縄文図鑑』（二〇一六年、山と溪谷社）がある。

武藤康弘（むとうやすひろ）

一九五九年秋田県生まれ。國學院大學大学院修士課程修了。博士（文学、東京大学）。現在、奈良女子大学文学部教授。専門は文化人類学、民族考古学。主な著書に『講座 日本の考古学4 縄文時代 下』（二〇一四年、青木書店、共著）、『縄文時代の食と住まい』（二〇一六年、同成社、共著）などがある。

スソアキコ

イラストレーター・帽子作家。ギャラリーでの帽子作品の発表と並行して、イラストレーターとしても活躍。著書に『スソアキコのひとり古墳部』（二〇一四年、イースト・プレス）がある。

土偶のリアル

発見・発掘から蒐集・国宝誕生まで

2017年2月15日　第1版第1刷印刷
2017年2月25日　第1版第1刷発行

著者　譽田亜紀子
挿画　スソアキコ
監修　武藤康弘
発行者　野澤伸平
発行所　株式会社 山川出版社
〒一〇一-〇〇四七
東京都千代田区内神田一-一三-一三
電話　〇三-三二九三-八一三一（営業）
〇三-三二九三-一八〇二（編集）
振替　〇〇一二〇-九-四三九九三
企画編集　山川図書出版株式会社
印刷製本　図書印刷株式会社

造本には十分注意しておりますが、万一、落丁・乱丁などがございましたら、小社営業部宛にお送りください。送料小社負担にてお取り替えいたします。定価はカバーに表示してあります。

https://www.yamakawa.co.jp

　ISBN 978-4-634-15112-3　C0021

本書に登場する主な土偶

〈仮面土偶〉
►71ページ

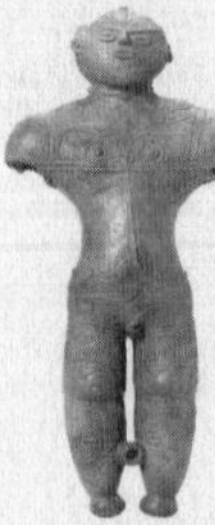
〈中空土偶、茅空〉
►111ページ

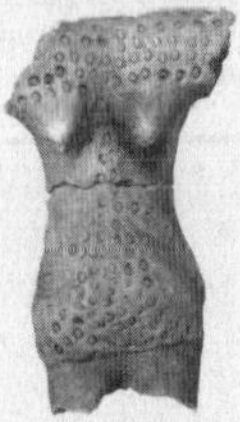
〈首なし土偶〉
►118ページ

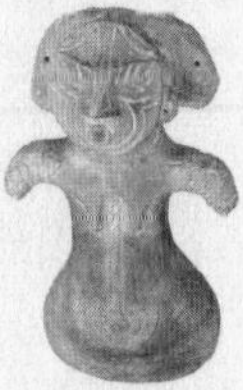
〈土偶形容器〉
►135ページ

00 3500 2500 1500 0 AD2000

前期 | 中期 | 後期 | 晩期 | 弥生時代 → 現代

〈出尻土偶〉
►44ページ

〈遮光器土偶〉
►127ページ

〈遮光器土偶〉
►127ページ

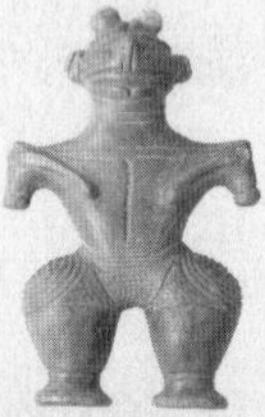
〈遮光器土偶〉
►176ページ

〈土偶〉
►161ページ

〈有髯土偶〉
►135ページ

〈仮面の女神〉
►66ページ

〈仮面土偶〉
►71ページ

〈合掌土偶〉
►87ページ

〈屈折像土偶〉
►95ページ

BC13000

BC10000

草 創 期	草 期

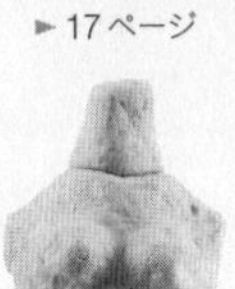

〈相谷熊原土偶〉
►17ページ

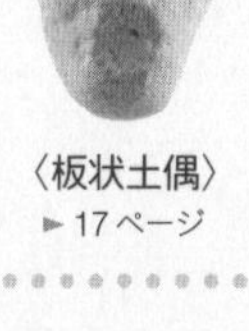

〈板状土偶〉
►17ページ

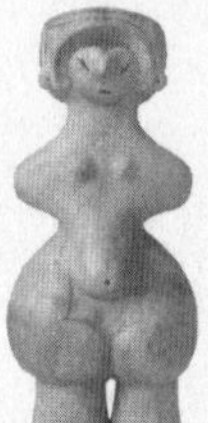

〈縄文のビーナス〉
►24ページ

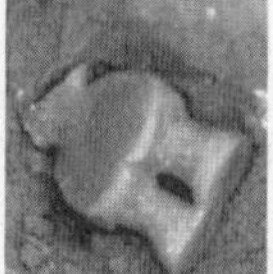

〈割られた土偶〉
►35ページ

〈縄文の女神〉
►42ページ